Konsten att hata rätt

Förlag: BoD – Books on Demand, Stockholm, Sverige

Tryck: BoD – Books on Demand, Norderstedt, Tyskland

ISBN: 978-91-7569-850-2

I böcker brukar författare tacka både den ena och den andra för deras uppmuntran under processens gång. De brukar tacka för alla råd och det stöd de fått samt all hjälp med att kolla upp platser och verklig fakta så trovärdigheten i boken ska vara realistisk, ibland så ändras namn och händelser så att personerna i berättelsen inte ska gå att kännas igen och ingen ska känna sig utpekad. Jag kommer inte nämna namn eller ändra någon särskild, för alla har varit betydelsefulla. Men ett lite extra tack vill jag ändå ge min vän och grafiska designer Ann-Marie Norberg för det fina omslaget. Varma tankar skänker jag till alla mina vänner, arbetskollegor, familj och livet för att ni gör mitt liv så värdefullt.

Tur du lämnade redigeringen till din egen syster och gav mig möjligheten att tacka mig själv från dig, då du tycks ha glömt mig. Tack syster för att du finns och älskar mig/SIS

Hur ska jag göra med fakta då det gäller mitt liv? Ska jag hitta på och skriva en roman om hur det är att hitta ett sätt i livet att hata rätt? Eller ska jag utgå från mig själv? Jag kan inte skriva en roman om någon fiktiv person jag ska personifiera i detta ämne, så det blir helt enkelt jag i mitt liv. Jag kommer beskriva mina tankar om hur det var att leva med en man som misshandlar psykiskt och dess konsekvenser. Det jag kom fram till var att jag inte vill hata på ett sätt som förgör mig. Jag har inte skrivit ut namn på personer jag skriver om, så de beskrivs som den äldre, den sportiga och den tysta och jag som jag. Senare under berättelsens gång ändras namn, men den namnändringen kommer förklaring till. Jag har även ändrat och lagt till för att göra saker så tydliga som möjligt för dig att förstå vad jag menar utifrån min synvinkel och förhoppningsvis på ett sätt så vi förstår varandra. Det är äkta och nära och jag vill även tacka mig själv, för att jag i allt detta skrivande fått insikter som gjort mig helare i min historia, som är mitt liv och som du får ta del av här. Jag hoppas du finner något du kan ta till dig och få insikt om, så du kan förändra något i ditt liv som du behöver ändra på. Kämpa och tro på dig själv, känn respekt och kärlek till dig själv. Det är du värd. Du kan faktiskt välja hur du ska leva ditt liv. Lycka till, det kan bara bli bättre. Jag läste en gång en skylt där det stod något som jag kände igen mig i, och av det kom jag fram till att nu ska valen vara mina från början, inte misstagen.

You can never make the same mistake twice, because the second time you make it, it's not a mistake, it's a choice.

Inledning

Jag började skriva denna bok, då jag inte visste vad jag skulle göra av allt som skedde med mig efter jag levt och analyserat mitt liv, i den mån jag klarat av det. I mina tankar började jag fundera på hur mitt liv påverkat och påverkar mig i den stora grad att jag fått ett visst beteende utifrån min historia och mina upplevelser som kanske inte funnits om jag levat och upplevt andra saker. Visst! har jag en brokig historia, men den har jag inte dött av. Men jag hade en sådan ilska mot mig själv, att jag i mitt vuxna jag inte klarade av att sätta ner foten och säga STOPP. I och för sig har jag skrikit men väldigt tyst, men jag har skrikit STOPP, SLUTA så många gånger att till och med jag själv slutade lyssna. Hur skulle jag då tro att andra hörde mig. Den ilska och det hat jag kände i oförståndet att inte kunna förstå allt och alla, och framför allt varför någon behandlar någon annan respektlöst gång på gång? Jag trodde då att det bara handlade om min dåvarande man och hans beteende mot mig. Att det var en enskild händelse som upprepande sig men att det hade inte med något annat att göra. Jag behandlade också mig själv illa för att jag inte stod upp för mig själv. Men det förstod jag inte just då. Då förstod jag egentligen ingenting. Men när jag hade gått igenom mitt uppvaknande till mig själv var det dags att visa mig själv respekt, och faktiskt säga att nu är det stopp på riktigt. Jag har samtalat, analyserat, läst böcker och undrat och frågat vänner och arbetskollegor om hur de skulle reagerat i olika situationer som jag varit med om i mitt äktenskap. Fast jag sa inte alltid att det handlade om mig. Kanske mest för att stärka min egen uppfattning att det inte bara var jag i mitt äktenskap som var en idiot. Jag har mött människor jag känner som blivit förvånade och sagt att så kan man väll inte tilltala någon, då jag gett exempel på någon händelse utan att jag talade om att det var mitt liv det handlade om. Jag skulle aldrig våga tala om att det var mig det gällde, för tänk om han fått reda på att jag pratade om hur det var hos oss. Jag skämdes. Jag är stark och kan ta för mig, hur kunde det bli som det blev? Hur kunde jag tillåta mig bli respektlöst behandlad? Ingen vad jag vet tycker att det är ok att behandlas så som jag blev behandlad. Det gjorde mig förvirrad då jag inte förstod vad jag gjorde för fel hela tiden, då jag ibland tyckte jag gjorde rätt. Han var så övertygande att jag var fel, sa fel att jag trodde att jag var fel. Tillslut ifrågasatte jag inte ens om jag gjort fel, det var bara frågan om i vilken omfattning jag hade misslyckats med vad jag nu hade gjort fel. Detta tärde på mig och bröt ner mig totalt. Jag åkte på en kurs jag har skrivit om i en tidigare bok, Jag. Där växte mina barndomsminnen till liv ordentligt. Hans sätt att vara eskalerade efter jag kom hem efter kursen, och om det berodde på att han märkte att jag var skör eller om det var att jag inte började ta till mig hans elakheter på samma sätt, det vet jag inte. Jag hörde kommentarerna jag fick och såg blickarna han gav, och jag kanske inte sa ifrån men JAG förändrades inom mig. Jag började faktiskt förstå att jag är värd något och jag ville inte fortsätta bli behandlad som jag blev. Jag såg hans litenhet och försök att vinna i hierkin. Hans frustration då han inte lyckades bryta ner mig på samma sätt som förut gav honom en frustration som gjorde att den eskalerade. Jag kom fram till att jag behövde göra mig fri för att hela mig i det som var min historia. Han bröt ner mig så jag fick minnena tillbaka. Men för att läka de tidiga minnena behövde jag bli stark och det varken var eller blev jag med en man som inte visade mig respekt. Som hade brutit ner mig fullständigt trots de överlevnadsstrategier jag faktiskt hade levat på för att klara av att överhuvudtaget leva.

Kapitel 1

Vem vill hata egentligen? Frågar du någon så säger de – så klart inte. Det gäller även mig. Jag bestämde mig en dag att jag inte tänkte förgöra mig i detta tillstånd på någon som jag inte tyckte om. Varför ödsla energi på något/någon som jag inte ens önskar i min närhet, men som ändå kryper in i varenda por och bara förstör och tar energi. Min energi som jag kan använda till något annat, typ till mig själv. Jag behövde lära mig hantera det. Men hur fan gör man det?

Hata rätt!
Hata, leva och lära sig leva med skiten.
Vilken skit?
Vems, min eller din?

Kapitel 2

Hat förgör och förminskar en människa till en miniatyrdocka. Att vilja ge någon en fet smäll är en sak, men att hata kräver mycket av en person. När hatet blir en energitjuv så måste man ändra taktik. Jag behövde ändra taktik för jag ville inte bjuda någon jag inte tycker om på min tid, mina tankar, min energi, mitt medvetande. Inte ens 1 % ville jag ödsla på någon som inte förtjänar mig. Tankar kan vara hårda, mörka och göra mig svag. Känslan av hat kan komma och som jag inte kan kontrollera. Det är det inte värt. Jag vill leva mitt liv som jag vill och där finns inte plats för denna känsla som kallas hat. Jag vill glöda inifrån av styrka. Ur varje cell ska det komma liv och energi. Det inre ljuset ska spraka av sig själv, inte bara av själens önskan om överlevnad. Jag behövde hata rätt, eller kanske lära mig att inte hata alls.

Kapitel 3

Jag hade en telefon en gång som jag inte kom överens med, hur det nu går att vara osams med en telefon. Tekniska saker är inte min grej. Min väninna som är, enligt hennes överbegåvade tekniska son, en total teknisk katastrof och jag säger då hon hjälper mig att hon är såå bra, då kan ni förstå vilken nivå jag ligger på. Jag kan få ihop saker med en manual för jag är rädd att saker ska gå sönder om jag inte läser manualen som ska finnas till hands. Men på sista tiden så får man inte någon beskrivning i gammalmodiga papper eller handböcker utan man ska in på produktens hemsida för att få instruktioner. Man kan bli galen för mindre. Då är det bra att barnen, deras vänner och väninnors barn har blivit så stora så de kan hjälpa en, till och med från annan ort. De hackar in sig och styr min dator så jag ser musen fara runt och göra saker utan att jag är i närheten och sedan är saken bara klar med det jag nu behövde ha hjälp med. Stackars barn som får hjälpa mammor och mammors väninnor som är så totalt bra på... andra saker. Telefonen jag hade var av en modell jag inte vill göra reklam för överhuvudtaget. Den gick bara inte att komma överens med. Jag har lagt ner mycket energi på den telefonen, till en dag min chef ringde lägligt just som jag skulle slänga ut telefonen genom fönstret. Han sa bara - En telefon ska inte vara en energitjuv, fixa en ny är du snäll. Han behövde inte upprepa den meningen mer än en gång. Det är också en befrielse att släppa taget. Även fast jag inte hatade telefonen så sög den musten ur mig. Jag tror en sådan sak som en telefon kan få människor att gå in i väggen. Det är många faktorer som spelar roll då det brister och jag tänkte inte att det skulle vara en telefon, i alla fall inte för min del. Så jag fixade en ny. Hat är svårbeskrivet i den form jag önskar. I min form är beskrivande av hat mer fult, argt och utagerande, något sorts ilsket hysteriskt skrik för att någonstans få ut den känsla eller vad jag nu känner som gör att jag äts upp inifrån. Den hade en urkraft som jag tyglade till ingenting, för jag sket i mig själv. Jag lyssnade inte, jo lite, men jag förstod inte hur jag skulle kunna förändra, visste inte min rätt att säga stopp.

Kapitel 4

I ordboken står ordet hat förklarat som hatisk, och det stämmer nog egentligen bättre. Man eller jag är hatisk mot något och har hatet riktat till någon för vad den har gjort. Men det blir att man hatar personen i affekten. Oförståelsen i agerandet, det är vad jag känner mig hatisk mot. Hur en levande människa kan vara så elak. Det kommer jag ha svårt att acceptera. Djur kan göra på samma sätt, planera, döda, slå till för att fälla ett byte för mat och sin egen överlevnad. Vi människor i dagens samhälle behöver inte fälla någon. Vi behöver inte döda och slita köttet i stycken för att vi ska överleva även nästa dag. Men en del gör det ändå, en del gör det så att det inte syns. Det som sedan syns tar väldigt lång tid att se, om man ens ser något. Det kan vara så diffust att man själv inte ens vet om fall man överdriver eller att det var nog inte så farligt eller hade jag inte gjort si eller så, så... skitsnack. I den fasen i livet i den situationen man sitter i har man inget val. Jag hade inget val. Inte då. För jag förstod inte. Det är jobbigt, jättejobbigt, att lägga energi på detta oförstående hat som kom sen, då jag började förstå vad som hänt. Jag började sakta förstå vad jag varit med om. Orättvisan som jag försökte förmedla till den person jag hade framför mig att förstå hur ont det gjorde. Men jag kunde inte få personen framför mig att förstå, jag kunde inte heller få förklarat för mig att det inte bara var fel på mig. Jag hade varit nöjd med om han sagt förlåt. Jag hade varit nöjd om han ångrat något han sagt eller gjort. Jag hade varit nöjd om han förstått... något. Tänk om han någon gång kunde se det från min synvinkel, kunde se min sårbarhet, min ledsamhet och min rädsla. Då hade han säkert ändrat sig. För inte vill väll någon göra någon annan illa? Eller? Detta att inte kunna förstå är bland det jobbigaste. Att inte förstå hur han inte kan förstå vad han gjort eller hur påverkad jag blev av hans personlighet. Hans agerande, som inte har det minsta spår av empati. Den oförståelsen gör mig mest hatisk. Så visst är det fånigt då det inte går att göra något åt. Så varför gick jag inte bara? Det var ingen som tvingade mig att vara kvar. Ingen som bokstavligen spikade fast mig i väggen. Ingen som låste in mig. De syntes inte, mina osynliga bojor som kändes som ett fängelse. Ett fängelse jag visste jag kunde gå ifrån, rent bokstavligen. Men det tog flera år innan jag äntligen vände ryggen och gick därifrån. Ack så rädd jag var då jag gjorde det. Det som fick mig att stanna så länge var att jag visste vad jag hade men inte hur det skulle bli. När jag var där så kunde jag parera. Om jag skulle gå så kunde jag inte ha koll på hans mimik, röstnyanser, vad som skulle hända, och när och på vilket sätt. Ovissheten var skrämmande. Praktiskt var det omöjligt att gå, psyket fixade det inte. Jag var så trött och bara att få vardagen att fungera var ett jobb som räckte och blev över. Jag förstod inte då hur illa jag mådde. Självklart förstod jag att jag inte mådde så bra, men hur påverkad jag var av psykisk misshandel förstod jag inte förrän långt senare och efter många timmar av terapi. En del förstod jag av den terapin jag senare gick på, att det är fel att behandla någon som jag blev behandlad. Det förstod jag, MEN att verkligen förstå och ändra min egen inställning till mig själv, att våga säga nej, förstå värdet av mig själv, det har tagit lång tid att förstå. Att bara veta att den psykiska misshandeln var närvarande och ovissheten om det skulle bli en mindre bra eller en fördjävlig dag. Ovissheten om hur dagen skulle bli kunde driva mig från vettet på ett omedvetet plan, hela tiden. Den stressen lämnade mig aldrig. Min kropp reagerade på stressen så jag mådde skit. Hur jag än gjorde så gjorde jag ju fel. Att denna stress och denna ovisshet har ett namn visste jag inte då, det fick jag lära mig i min gruppterapi. Latent våld kallas det. Ett fantastiskt ord som gör att jag kan förstå varför jag inte agerade. Jag bör inte hänga mig fast vid tankar och drömmar så att jag glömmer att leva. Men hur lätt är det i stunden att vara medveten hela tiden? Vara objektiv varenda sekund då jag levde under stress hela förbannade tiden. Balansen att leva mitt liv fritt och harmlöst är banne mig inte lätt. Ingen manual finns. Jo! egentligen många, men vem ska jag förhålla mig till? Jag måste nog hitta mitt eget sätt, och hur lätt är det när jag förändras hela tiden. Kanske inte i grunden, men tankar, funderingar beroende på var jag är i livet, de är föränderliga. Det var lockande flera gånger att bara skrika JAG HATAR DIG, DU ÄR SÅ ELAK MOT MIG, SLUTA. Jag pekade finger bakom hans rygg en gång. Jag tänkte inte, jag bara gjorde det. Jag blev själv förvånad. Jag menar, hur moget är det? Men den lilla gesten kändes fånigt bra. Om jag fått honom att sluta så hade jag kanske stannat, vem vet. Om han bara hållit tyst. Det var bäst då han inte pratade. De stunderna gav mig en tidsfrist av tystnad, återhämtning. Jag klarade just den lilla stunden att andas. Det var skönt. Inte undra på att jag var gladare då han inte var hemma eller jag själv var på jobbet. Men stressen fanns där. När jag hoppade in i bilen för att åka någonstans var det stress i hela kroppen, för det kändes om jag var på rymmen. Innan jag var hemma igen. Första timmarna på jobbet gick bra, men ju närmare dagens slut jag kom, kom också magknipen. Tills jag en dag upptäckte att det var dags. Bägaren rann över. Inte så där att jag gick samma dag, för det hände inte över en natt. Min bägare började rinna över sakta, mest som imma på utsidan av glaset, sen började det rinna av droppar tills det bara forsade. Men i forsandet kunde jag inte bara gå. Jag var tvungen att göra planer för varje drag. Jag var tvungen och skapa olika scenarier i mitt huvud. Hur jag skulle kunna stålsätta mig mot orden och blicken som skulle komma. För att vara beredd. Tillslut sket jag i vad som kom, jag var så liten och obetydlig och andades bara av kroppens egen rutin. Jag visste att det inte fanns någon som helst återvändo. Mitt tålamod var långt för att jag hade försökt fixa så övergången till friheten skulle bli så smärtfri som möjligt. Rädslan gjorde att det tog tid. Tills en dag då jag ändrade hela mitt jag och jag var borta ur atmosfären. Dock bara mentalt då makten till orden hade ändrat karaktär när de kom, inte orden i sig utan hur jag mottog dem. Jag visste att det fanns ett slut på att vara i samma hus och det gav mig styrka att driva igenom detta. Jag såg på honom och log, såg hur liten han var, hur fåordig han blev då han var arg, hans elakheter och det respektlösa sätt han hade och som han inte ens förstod att han visade. Han förstod inte ens att han betett sig illa, någonsin. Han har bara bett om ursäkt en gång, och då hade han slagit mig i ryggen… fast av misstag naturligtvis. Men hur stor rädslan blev som följde av flytten hade jag inte räknat med. Att ha uppmärksamheten på kroppsspråket, mimiken och röstläget redan på morgonen var inget jag hade tänkt på att jag hade i min vardag. När jag var i det så var det ett helvete, men när jag äntligen hade kommit från honom så fanns allt det elaka kvar men jag kunde inte parera då jag inte såg honom. Kunde inte vara beredd.

Det "latenta våldet" höll sitt järngrepp fortfarande, fan vad han skulle njutit om han vetat. Då jag annars visste vad han var på för frekvens bara av att se honom i ögonvrån, bara av att höra andetagen och sättet han rörde sig, av energierna då han kom in i ett rum, och hur tittade på mig, hur han andades, var svar på hur det skulle bli närmaste timmarna, eller minuter och ibland bara för ett par meningar. Jag visste då det började att nu var det en period av hån mot min mänsklighet, men jag visste aldrig hur länge den perioden skulle vara. Hade jag tur kunde det gå två månader mellan gångerna av terror, som kunde hålla i sig allt från några meningar till dagar. Intervallerna mellan hans skov blev kortare och kortare och tiden som skoven höll i sig ökade till mer tid än tiden av lugn. Jag kunde parera skoven då de var på väg. När jag kände att det började trappas upp kunde jag parera så att de stora orden sköts upp, men de kom alltid. Ibland kunde jag nästan forcera för att de skulle komma så jag blev av med det för denna gång. För det var alltid en topp. Och som alla toppar blir det även dalar. Dessa skiftningar gjorde att jag överlevde, jag hann andas och jag försökte förhindra att det skulle bli en nästa gång. Jag hoppades och trodde att om jag gjorde annorlunda mot vad som var fel första gången så skulle nästa gång bli bra. Om han blev nöjd så skulle han sluta klaga. Men hur jag än ändrade gjorde jag fel. Jag var så misslyckad som inte kunde något. Detta var senare något som var svårt att acceptera, att jag själv tvivlande på min egen förmåga att göra något bra.

Kapitel 5

När jag efter två års planerande av flykten äntligen flyttade så fick jag lägga om mina försvarsmekanismer. Det var inte svårt för de fanns redan där. Mekanismerna av försvar skulle bara omfördelas, struktureras om. Det var för mig en uppenbarelse hur uppmärksam jag varit på honom och hans framtoning. Jag var inte riktigt medveten om och hur noga jag läst av honom, som en riktig scanner. Fortfarande reagerade jag på minsta nyans i hans röst för att veta hur dagen eller telefonsamtalen med honom skulle bli då jag hade flyttat. Han började nämligen aldrig ringa senare än kl:09.30 och efter middagstid kunde det vara tjugotre missade samtal både på min privata och på min arbetstelefon. Förut kunde jag bedöma hans status bara av att slå upp ögonen på morgonen. Nu lärde jag mig att höra på andetagen bara jag svarade i telefonen. Undrar om min scanner på hans humör och illvilja kommer räcka livet ut? I helvete heller, det tänker jag inte bjuda på. Kanske lite gruppterapi kunde vara något och som jag senare fick erbjudande om att delta i.

Men då jag vaknade en dag, inte så där att jag sovit gott och hörde musik från radion och jag förstod att det var dags att gå upp. Jag vaknade långsamt, gnuggade mig i ögonen, länge. Jag gnuggade mig i flera år, tittade upp, det var för tröttsamt så jag somnade om ett par år till. Och så gick tiden. Jag åts upp, åts upp inifrån. Jag åts upp av något som inte syntes, inget jag kan ta på, men jag åts upp inifrån av hat. Mot någon annan riktade jag mitt hat, min ilska. Ilskan mot att inte bli respekterad och bli illa bemött. Men sedan, efter många år kom känslan av att hatet vänts till ilska, ilska till mig själv. Hur kunde jag vara så svag att jag inte stod upp för mig själv? Då kom en starkare och kraftigare känsla i själva det där arga, eftersom jag visste varför men inte hur jag skulle kunna bryta mina tankar om mig själv och min lott i livet. När jag förstod att jag hade en del i valen i mitt liv och att jag faktiskt kunde ändra en del här och nu. Det som varit är dåtid och jag vill inte att dåtiden ska påverka mig negativt i dag. Erfarenheten ska göra mig starkare, det hade jag bestämt, men hur gör jag?

Jag vet inte, Vet du?

Många frågor, många svar

Tyst, tyst, tyst, får man låta bli? Får man ha något?

Vem vet, jag vet, du vet

Rätt eller fel

Kapitel 6

TERAPI

Behandling, vägledning, terapi eller samtal, det finns många namn men alla är ett sorts livsuppvaknade anser jag. Jag har analyserats en del, men bara egentligen mest på ytan utom vid ett fåtal tillfällen då det svidigt riktigt ordentligt. Det här var på ett annat sätt. Helt plötsligt handlade det inte bara om mig och mina svagheter. Mitt försvar som bara var mitt. Upptäckte att jag hade låtit mig styras av någon annan. Någon annan hade satt upp vilken toleransnivå jag låg på. Vad jag skulle klara av och inte klara av. Jag hade sakta men säkert blivit manipulerad att tro att jag inte förtjänade respekten som människa. Det som gör mig arg idag är att jag då kände att det var fel, men att jag inte kunde göra något. Det har tagit väldigt många timmar av vägledning att verkligen förstå att jag faktiskt är värd något. Det är inte lätt att gå i terapi, varken enskilt eller i grupp. Att gå i terapi själv är en sak. Då sitter man med en person, man betalar, framför sig och man pratar, gråter, skrattar, känner ilska, och man får bli sedd. För en timme á 600-1000 kronor. Vad terapeuten tycker eller tänker spelar kanske inte någon större roll. Han eller hon kommer inte säga att jag är galen eller överdriver. De sitter och lyssnar, gör små kommenterar, gör att mina pauser mellan meningar blir som en konst som man betraktar på avstånd. Ska jag säga mer? Vill han/hon göra ett inlägg? Tills jag förstår att mina ord, mina reflektioner är det som ger svaren. När tystnaden kommer så analyserar jag mina egna ord. Jag hör vad jag har sagt från en annan synvinkel och terapeuten har egentligen inte sagt något. Jag har oftast svaren själv, typ hela tiden. Så en fråga är: När ska jag börja lyssna på sig själv från början? Säga Nej till nej och Ja till ja. Att lyssna på mig själv, att inte ha bråttom. Jag behöver inte svara på en gång då jag får en fråga. Jag kan säga "kan du vänta lite, jag måste fundera, är det ok om jag åter kommer om ett svar?" Det är även ok i mina egna beslut. Jag behöver inte bestämma mig på en gång. Då är chansen också större att jag är ärlig mot mig själv och min omgivning. När jag går från min terapeut känns det lättare, men ingen person som jag sedan möter kan se på mig att jag har pratat om sådant man inte pratar med grannen om. Tur de har tystnadsplikt, annars hade nog ingen vågat öppna upp med vad man känner, konstiga tankar och funderingar. Terapeuterna får se och höra de där känslorna man kanske inte ens vågat tänka tyst för sig själv tidigare, och så säger de att " Ja, så kan det vara".

"Vadå, så kan det vara"?

Konstigt det där, man tror man är unik fast på ett negativt sätt. Jag tror, jag tänker och känner saker som bara jag själv gör och att de tankarna är galna. Jag tror jag är ensam om att vara så ofantligt korkad att jag låtit mig behandlas på ett sätt som definitivt är under all värdighet. Så säger terapeuten att - Ja, så kan det vara. Då är jag inte unikt korkad alltså?

Min känsla är att jag är dum och fattar ingenting om vad jag har för funktion i mitt liv. Jag gör bara fel, fel, fel. Min terapeut har också vid flera tillfällen ritat upp ett mönster. En förklaring på hur ett liv, en vardag, kan se ut när man har att göra med personer som misshandlar psykiskt. Det finns alltså ett mönster?

Jag kände mig dum. Dum att jag gått på allt. Dum för att jag är såååå korkad: Varför har jag inte fattat? Varför har jag inte sett mitt eget mönster?

Men så kom frågan en dag från min terapeut. Vi ventilerade saker och hon kom ibland med meningar som fick mig förbryllad, eftertänksam, arg, ledsen, men inte för att hon tycker och tänker saker om mig utan att hennes ord gäller mig. De berör mig i mitt liv och alla dessa olika känslor det innebär att leva det. För hur läskigt och skrämmande livet än är så handlar det om mig och när jag är där på terapi så får jag ta plats. Det är hennes jobb. Tänker jag så är det lättare att öppna upp och säga saker för hon är inte där för att ge mig råd och förmaningar. Hon är där för att lyssna och vägleda utan att egentligen göra så mycket men det händer en massa saker med mig. Mina tankar vaknar. De vaknar till att inte vara så enkelspåriga. Vägen börjar få nyanser. Det är inte alltid roligt men ack så nyttigt. Jag har varit hos en del andra terapeuter och jag har olika erfarenheter. En del sämre än andra. En fantastiskt bra manlig terapeut som jag träffade under en ganska lång period, var den person som fick mig att inse att det handlade om mig i mitt liv. Att jag inte har ett ensamt ansvar för hur människor i min omgivning behandlar mig. Att en del människor inte går att förstå sig på och en del är utom all räddning. Med hans hjälp både förstod jag och kom till insikt med att om jag skulle överleva var det bara att gå. Utan att kanske förstå varför han gjorde som han gjorde. Hans terror efter att jag flyttade var så här i efterhand hans egen litenhet, rädsla och övergivenhet som han lade på mig. Det gjorde att jag blev tvungen att be om hjälp. Jag orkade inte mycket till. Jag ringde kommunen där jag bor och frågade om jag kunde få hjälp att kommunicera med mitt ex. Efter samtalet med kvinnan på familjerätten hamnade jag på hennes rekommendation hos min terapeut på ATV. Hon som nu gav mig erbjudandet att vara med i en grupp de skulle ha på torsdagar med andra skilda kvinnor med barn och liknande erfarenheter som jag hade.

Ä!! Vad? Jag! I en grupp, var hon inte klok? Vad skulle jag där att göra? Med andra, vadå var jag som de? Var jag en av dem? Skild, javisst, barn, ja det med, men sen då? Skulle jag platsa i en grupp? Nej vänta lite här nu, vad pratade hon om? Jag är ju här för att hon på familjerätten tyckte jag skulle ringa och så gjorde jag det. Nu är jag här, men så farligt är det väl inte? Vi ska bara snacka lite, hon och jag. Vad har jag med andra att göra? Vad har de med mig att göra? Ska de döma mig? Ha åsikter om mig? Tänk om jag ser dem ute på byn och de ska tänka "Jaha där går hon", vilken svag människa, stackars henne. Fy fan. Grupp! Nej tack. Det var många tankar som kom.

Jag stirrade på henne

 "Vad, grupp?"

 "Ja, det blir ett par gånger. Vi har olika inriktningar om tre gånger och byter sedan olika teman vi pratar om. Det är med andra tjejer i ungefär samma situation som du har varit i. Ni har saker gemensamt som är bra att prata om. Att höra varandras historier. Likheter".

"Okej, hur många gånger är det?"

"25-30 gånger"

"25- 30 gånger?"

Har jag sådana stora problem? Men herre gud jag som inte ens gillar att vara i en grupp. Jag var inte ens med i lagsporter då jag var liten. Om jag är med i en grupp då syns jag. Då blir jag någon som man ser, hör. Det vill jag inte. Jag vill kunna dra utan att det märks. Ingen ska märka att jag är där. Hur fan gör jag det i en grupp som har samlats för de har något gemensamt. Är jag en av dem?

"Ä ä! allvarligt talat, behövs det? Tycker du inte att jag sitter och överdriver här, att det inte är så farligt. Håller jag och mitt liv måttet för att delta i en grupp. Jag menar jag vill inte ta plats för någon som har problem".

Hon tittar på mig, och plockar fram en profil som vi tidigare hade gjort från delar av mitt liv och vill visa igen vad resultatet blev och som vi har pratat om förut.

"Vill du titta på dina svar igen från profileringen vi gjorde av ditt liv?"

"Ja, kan jag väl."

Så får jag resultatet igen i mina händer. Jag läser frågorna och mina svar igen. Jag vill inte ändra på något av svaren. Det kändes udda att läsa saker som handlade om mig som jag varit med om och se det en tid efteråt och komma på att, det är sant, det var så det var. Det kanske inte är ett skämt detta, att jag är här, att jag behöver hjälp att förstå delar av mitt liv som jag har deltagit i, på ett eller annat sätt.

"Du uppfyller kriterierna för grov misshandel" säger hon och tittar på mig.

Oj! Jag kanske är en av dem som verkligen har problem, utan att faktiskt förstå på riktigt hur skadad jag är. Hennes blick fick mig att inse att: Fan jag har nog lite att arbeta med här. Lite förstår jag och jag känner mycket. Jag kan vara rationell och se på mig själv, lite så där från sidan, och förstå att jag har väldigt dåligt med självkänslan. Tron att jag är värd lika mycket som alla andra kanske inte är översvallande närvarande kan man ju säga. Jag förstår att jag har lika värde som andra. Så klart att jag fattar det, men att verkligen, verkligen ta in det, det är inte samma sak. Det krävs mycket jobb för att få insikt i förhållandet mellan mig och andra människor samt distans till de som skadat och hjälpt till att skada min själ. I förhållandet i mig själv, till mig själv och gentemot andra, både deras relation till mig och min relation till dem. Jag behöver riktlinjer så jag kan förhålla mig till dem då de inte finns som en självklar bild i mig själv.

Jag har faktiskt har ett värde, ett bra värde. Jag är värd att finnas, ta plats, att leva. Livet är inte lätt men det är det ingen som sagt heller. Vägen är knölig men den går framåt och det som varit har varit och kommer inte hända igen.

Bara det är en lättnad. Att jag inte bara kan få vara. Tänk om alla fick vara i harmoni med sig själv och sin omgivning, bara sådär. Men det hade kanske inte varit bra det heller. Vi människor är lite svåra, komplexa, men samtidigt så enkla. Med behov som vilken liten mus som helst. Jag känner en del små möss eller en del riktiga råttor egentligen. Så efter möten med dem i mitt liv, går jag i terapi. Kanske inte för att de varit möss utan för att jag inte klarat av att hantera dem egentligen, så jag säger till henne:

" Jag gillar inte att vara i grupp, då kan man göra en statistik, jag vill inte vara i en statistik, för då blir jag något, då syns jag, mina nödutgångar blir avsevärt mindre och färre, något har hänt som man kan dokumentera, jag blir inte bara ingenting. Ingenting är tryggt, man syns inte, man hörs inte, ingen har behov, man själv har inga behov."

"Nödutgångar? Behov! Vad har du för behov? frågar hon mig".

...Behov, jag? Jävla kärring. Jag visste att det här inte var en bra idé. Helt plötsligt började det susa och snurra i mitt huvud. Stressen i magen gjorde sig påmind som en ettrig pitbullterrier, och jag som inte ens tycker de är söta. Fan jag hatar den här känslan, nu drar jag, vad fan menar hon? Vadå behov? Jag frågar lite tyst och tittar inte på henne.

"Vad menar du?"

"Ja, behov, av att göra dina saker, saker du vill göra, roliga grejer, att få synas, höras och ta plats, att andra visar dig respekt så du kan göra det du vill, få utrymme. Ja sånt!"

Känslan jag får är att hon ser mig som en människa som har rätten att få ha önskningar, rätten att få känna behov som ska respekteras. Ingen har frågat mig vad jag önskar eller vill och de gånger jag sagt något jag önskar eller vill så har man oftast inte brytt sig. Jag kände som att jag missat något självklart och att jag accepterat det. Hon såg uppenbarligen det som självklart att jag skulle få ta plats och att jag hade rätt till det. Jag började gråta. Det är aldrig någon som har frågat vad mina behov är, som att jag faktiskt har några. Jag visste inte att jag hade rätten att känna efter om jag hade behov som fick ta plats. Jag vet att man har behov, men att mina på något sätt skulle få komma före någon annans var inte ett alternativ. Det är faktiskt så att jag kanske inte har slagits speciellt ofta för att få mina behov tillfredsställda, då jag inte visste att de fick ta plats. De få gånger jag verkligen velat göra något i relationen som gjorde att jag hamnade här så har jag fixat och donat så jag kunnat lösa det med hjälp av andra i min omgivning eller klarat av det själv eller helt enkelt struntat i det då jag inte orkade planera och förbereda. Inte heller orkade jag höra de negativa kommentarerna om jag ville göra något. Och om jag genomförde något var det bara stress innan, under och efter.

"Ä ja! Jag vill träna kanske, men ingen har väl direkt sagt att jag inte får göra det. Men när jag ska göra något har det alltid kommit syrliga kommentaren som tillslut gjort att jag struntat i det jag vill, tillslut funderade jag inte på det alls. Behov förstår jag vad det betyder men, att jag här inne i mig förstår att jag faktiskt får ta plats för de saker jag vill göra, att någon annan får stå tillbaka för mig har aldrig varit ett alternativ för mig. De gånger jag gjort det har det dåliga samvetet slagit mig och jag har alltid skyndat mig hem. Och med min exman så var det för energikrävande så jag avstod många saker utan att ens ta upp det till diskussion."

Jag har försökt göra livet så lätt som möjligt med så få konflikter som möjligt för att göra livet mer hanterbart. Varför utsätta mig för risker så jag får tillbaka pitbullterriern i magen?

Arg, arg, arg
Fel, fel, fel
Rädd, rädd, rädd

Gruppterapi. Ä! Jag vet i fanken. FAN, vad gör jag nu? Hur kunde det bli så här inom mig för en enkel fråga som: vill du vara med i vår grupp på torsdagar? Vad händer inom mig? Det river och sliter, ångesten kommer krypande, jag känner det. Den lägger sig som en boll i magen. Fingrarna börjar hitta varandra i sitt mönster av perfektionism. Fan att jag inte föddes som en vanlig Svensson med ett vanligt jävla liv som inte behövde vara med i en JÄVLA GRUPP.

"Och vad menar du med nödutgångar?" frågar hon mig.

"Är jag inte med så syns jag inte, finns inte, det har inte hänt. Låter jag inte så hör ingen, jag kan ignorera, låsas som ingenting, skaka på huvudet så minnena inte kan fastna i huvudet och tittas på. Fan, att dra upp gammalt groll som jag arbetat med hela livet så att det inte ska finnas. Fan jag blir så galet förtvivlad in i märgen, frustrerad att detta är del av mitt liv. Alltså del av mitt liv, inte NU men dock så jävla närvarande och att börja prata om det gör mig stressad. Att du ska veta, jag fattar att du fattat att det är något, jag VISSTE att detta skulle komma på tal någon gång och det är tydligen nu, fan. Mina nödutgångar att hantera livet blottas av att prata om detta. Att du ska veta vad det är. Få reda på mina strategier av att hantera livet, min litenhet, mina svagheter. Att jag egentligen är en kontrollfreak för att kunna vara beredd att parera. Strateg för att ligga steget före så inga överraskningar sker. Vara beredd helt enkelt. Inte involvera mig för mycket, vara lite utanför, så ingen kan komma nära. Inte lära känna, känna avvaktan till livet, inte vara delaktig fullt ut, inte leva fullt ut för all skit påverkar och jag hatar känslan i detta, den stressar och gör att jag vill hoppa i sjön. Det vill jag inte för i sjöar är det kallt och jag gillar inte att bada i kallt vatten. Det skrämmer mig. Efteråt vad händer då? Hur ska jag hantera stressen som ligger och rullar som en tickande bomb? Jag är rädd för ångesten som ska komma, för den kommer till slut. Med längre intervaller nu, men när den kommer går den inte att stoppa. Jag känner mig hemma i den, det är så jag varit hela tiden. Nu har jag den inte jämt. Skillnaden att vara i ångesten och nu, då jag inte är där jämt, är att jag känner skillnaden. Den känns värre nu på ett sätt då jag vet att den inte finns där hela tiden. Då den kommer blir jag rädd att den ska ta över samtidigt som jag njuter av att få vara hemma i en känsla jag känner så väl. Är det, det som är självdestruktivt beteende? Jag hatar det oåterkalleliga, det jag inte kan radera, ta bort eller få ogjort. Jag kan inte radera bilderna i mitt huvud. Jag hatar det, och att det har hänt. Gör det mig bitter? Fan jag anser mig inte som bitter, helvete. Du och jag kan sitta och prata, det är ditt jobb. Om jag är med i en grupp så blir det så verkligt, att du faktiskt tror på att jag behöver hjälp, att jag inte sitter och tar din tid från någon som behöver den. Phuuuuu…..”

Mitt utlägg har skett utan att jag tittat upp en enda gång så jag sneglar lite från sidan och ser att hon tittar på mig. Hon frågar mig om vem det var? Hon frågar om mina nödutgångar och bekräftar sedan att hon redan förstått hur det låg till. Hon hade läst mellan raderna, men låtit tiden ha sin gång, och låtit mig bestämma takten. Hon säger:

"Vi har gjort din profil och den har höga poäng i analysen av misshandel och övergrepp i ditt liv, och jag tycker verkligen att du ingår i denna kategori som vi jobbar med här och det kan vara bra att fortsätta i grupp för man kan bli hjälpt av det också, du kan prova".

Prova, försöka, träna
Samma, samma sak
Evighet eller evigheten

Kapitel 7

Mina tankar om min terapeut förändrades efter att vi samtalat om övergreppen och minnena om det. Jag hade gått på helspänn redan från första dagen vi hade vår första träff, för jag förstod att det skulle komma upp. Jag hade hoppats på att den psykiska misshandeln och min barndom inte gick hand i hand. Men så här efteråt så förstår jag att det är mitt liv, oavsett var i tidsepoken jag går in och pratar om i mitt liv. Allt knyts ihop på något sätt.

Erfarenheterna i mitt liv har blivit jag, det vet jag men att hålla isär dessa två saker trodde jag inte skulle bli så svårt. Men det går bara inte, det var eller är mitt liv alltihop.

Dagarna mellan den avslöjande träffen och efterkommande möten var hela jag på min vakt. Samma vakt mot de flesta jag mötte, inte titta andra i ögonen, för tänk om de ser. Misstänksamheten mot andra var lite större än vanligt. Det var samma oro i magen, samma delar av ångest som fanns i varje por. Jag var på helspänn till vi skulle träffas igen. Skulle jag ens gå dit mer? Jag bet ihop. Så när vi möttes gången efter mitt avslöjande så kände jag att jag hade svårt att se min terapeut i ögonen. Rädslan att hon skulle se på mig på ett annorlunda sätt, ett tycka-synd–om-sätt. Jaha, hon är en sådan. Smutsig och en som är lite mindre värd, ett offer. Det var en del av de saker som jag trodde jag skulle se hos henne, så det var lika bra att inte titta på henne alls och definitivt inte i ögonen. För det man inte ser finns inte på riktigt, eller hur?

Fan jag är inte mer än en struts vars ögon är större än dess hjärna. Jag kanske skulle ta lite piller mot hjärnbrist som min väninnas dotter fick på recept. Mot hjärnbrist istället för järnbrist. Det var kul och vi skrattade. Men var fan köper jag sådana tabletter?

Min blick fick fästas någon annanstans, så hon slapp se litenheten i mina ögon. Ser hon mig inte i ögonen ser hon mig inte alls. Jag kan gömma mig i tankar. Jag blir inte lika närvarande om jag inte syns. Grejen var att hon såg mig, det var bara jag som inte såg henne. Snacka om att jag är korkad och tror att jag inte syns då jag stoppar huvudet i sanden. Jag kanske är en struts ändå!

Fånigt egentligen, jag syns ju ändå, fast hon inte ser mina ögon. Hon har sina åsikter ändå. Men jag blir inte lika synlig, jag känner mig inte lika sedd, mer gömd, får mer skydd. Jag ser inte människors avsky, deras oförstående hur det är att leva med detta, stackare. Men det jag gör är att jag tar bort hennes professionalitet att se mig, i det som jag berättat. Jag förminskar henne i hennes roll som människa. Ganska så taskigt egentligen. Jag tar bort tron att hon ska inte var professionell i sin yrkesroll. Jag nämner hennes tapeter, pratar om ditt och datt på vägen till hennes rum. Ordningen brukar vara att hon hämtar mig vid ytterdörren, tar i hand och hälsar. Hon frågar alltid om jag vill ha te eller kaffe, fast hon vet att jag alltid säger nej. Jag går först in i rummet och sätter mig i samma stol som jag alltid gör. Men denna gång är jag verkligen obekväm. Vad ska hon säga, ska hon fråga något? Måste jag berätta mer? Vad vill hon?

Jag berättar att jag varit nervös och på helspänn, känner mig illa till mods för att hon vet. Jag berättar om min rädsla att hon ska vara dömande. Samtidigt så skannar jag henne uppifrån och ner, inifrån och ut, för att veta hur jag ska förhålla mig. Vad förväntas av mig nu. Jag är ganska fucked up egentligen.

Jag berättar också att jag analyserat henne veckan som varit, hur hon ska vara nu. Att jag förminskat henne i hennes jobb, i och med att genom förra veckans samtal ska hon ändra sig i sin professionalism. Att jag var rädd att titta henne i ögonen för jag var rädd att se något där. Något som visade på avsky, rädsla och detta, stackars dig. Jag berättar om min rädsla över att hon ska se mig och att jag höll på att avboka min tid hos henne, skita i allt. Men att jag tog mig i kragen och tänkte att nu fanken får det vara nog, nu ska jag få ordning på detta, för jag fixar det inte själv. Jag måste vidare om jag ska kunna leva så gott och sant som jag vill. Jag har inte bestämt att jag ska var ledsen, sårad, få ont i magen, nervös, ha svårt att sova eller vara trött, som är några av de mindre bra symtomen jag har. Men när jag upptäckte att dessa symtom höll på att äta upp mig, så kände jag att jag inte hade mycket energi kvar. Det var tvunget att få ett slut. Varför vara slav under något jag inte bestämt själv. Det är som William Shakespeare sa: valet är ditt. Det valet tar jag nu så därför kommer jag tillbaka och nu fan ska ta tag i det. Det var INTE mitt jäkla fel. Jag bad inte om det och jag inte är jag äcklig och jag förtjänade det inte och jag förtjänar inte den obefintliga respekten jag fått i relationer med män. Därför är jag här i dag igen för JAG HAR FÅTT NOG. Jag är här och jag behöver verkligen och jag vill ha hjälp och jag ska inte smita igen. Jag har utsatts för övergrepp och ja jag har misshandlats på ett rått och brutalt sett. Det svider fortfarande som eld av hans råa ord och hans sätt att behandla mig, men det är och har inte varit mitt fel. Phu.. Känslan jag fick av det jag sa var att nu gällde det, nu en gång för alla.

Kapitel 8

Mellan gångerna av terapi började det komma upp tankar om saker jag varit med om som jag då det hände fick olika negativa känslor av fast jag då inte tog tag i det mer än att jag ignorerade känslan för att den var negativ. Nu reagerade jag med att jag blev ledsen för jag då inte såg min egen del av händelserna och att jag aldrig fått den respekt och kärlek jag och alla människor förtjänar. Det finns en speciell händelse som satte djupa spår i mig av oförstående, chock och ett paralyserande hat. Jag hade arbetat ganska mycket på att fokusera bort min energi på sådant jag inte ville ödsla min energi på. Av en händelse då jag satt och funderade på detta så ringer en väninna som jobbade på min exmans företag till mig och berättade att han inför personalen på fikarasten berättade att jag varit utsatt för övergrepp. Hon blev chockad och frågade om det verkligen var passande att stå och berätta en sådan privat sak inför alla. Han tittade bara på henne, men tystnade. Hon sa till mig att hon ville att jag skulle veta att han hade berättat.

En person var tvungen att gå därifrån, för hon blev så illa berörd. Skulle jag då på samma sekund jag förstod vidden av vad hon berättade kunnat göra av med den ilska och ledsamhet jag kände hade jag gjort det, med råge. Men den känslan byttes snabbt till en blandning av tomhet, oförstående och en skräck som var blandad med en extrem litenhet och ett megastort hat och ett behov att få göra utryck för alla dessa känslor. Chocken att förstå att han kunde stå och berätta något sådant för människor jag både känner och inte känner, paralyserade mig. Hur kan man vara så … jag hittar än idag inte orden för den respektlöshet mot min integritet han visade i den handlingen. Han, en av få, visste om några få fragment av min bakgrund. Jag tror att när någon visar sig respektlös mot någon så är den personen antingen en elak person eller så liten och så oförstående att den inte vet hur man ska uppföra sig över huvud taget. Personen kanske inte har förstått hur man ska vara mot sin omgivning, familj, vänner eller arbetskamrater? Sannolikt har någon, någon gång, försök förklara att det inte är ok att bete sig respektlöst. Även fast de vet kan de inte sluta, kan inte förstå vad det är de gör mot andra människor som gör dem upprörda. Då tror jag att det är ett fysiskt fel, en medfödd svaghet. Så har jag försvarat det, för att överhuvudtaget förstå. De gör andra illa för att höja sitt eget ego. Ungefär som människor som gillar att få adrenalinkickar. I början gillar de Nyckelpigan på Gröna Lund, sedan hoppar de fallskärm, klättrar i berg, bestiger världens högsta berg utan syrgas eller andra riskfyllda saker, för adrenalinkicken behöver mer och mer för att tillfredsställas. Det är bara att de här personerna stegrar sitt beteende sakta men säkert så man inte hänger med, man blir hjärntvättad. Tills man har tappat sig själv, och efteråt undrar – vad fan hände och när fan började det?

Jag tror att det gick snabbt för mig att anpassa mig till situationen, för jag var redan inte speciellt hel. Mina tidigare erfarenheter hade satt sådana spår att jag tillät mig behandlas respektlöst utan att ha kraft eller insikt att det var helt galet fel. Det var inte konstigt att han var som han var, eller att beteendet stegrade. Så hade också andra varit. De började snälla men efter ett tag vaknade rovdjuret. Det var så jag kände män. Jag trodde inte att det fanns män som kunde bete sig annorlunda. Det finns säkert olika nivåer på män, men till slut vaknar odjuret alltid, det var bara frågan om när och hur illa det skulle bli. Ett annat minne som kom starkt då jag funderade på om det var värt att gå i gruppterapi var när jag var på en stor födelsedagsfest som några av mina barndomsväninnor hade tillsammans. En av väninnornas make höll ett tal och berättade hur mycket han älskade henne och om hennes fantastiska egenskaper som han beundrade. En av de egenskaperna han beundrade mest var att hon var så omtänksam mot sin familj och att hon alltid hade tid för familjen, sina vänner och gudbarn. Jag reagerade stark på det, med förvåning, förundran och sorg men också glädje för min väninna för hur hennes man stod och berömde sin fru inför andra. Han berättade att hon var omtänksam och berömde henne för hon tog sig tid för andra. Jag reagerade på att han berömde henne för att hon använde sin tid på andra än honom och deras liv. Att hon alltid kunde ställa fram en tallrik till om någon kom förbi eller om barnens vänner var där så erbjöd hon dem mat. Han såg det som en fin egenskap att hon var omtänksam mot andra och uppenbarligen tyckte han att det var ok att hon välkomnade andra i deras hem. Jag var alldeles förundrad. Jag tänkte på detta länge, det väckte mycket inom mig och jag insåg att så hade definitivt inte jag det. Jag blev ledsen och glad på samma gång. Glad för min väninna, ledsen för att jag inte hade det så. Jag förstod att jag inte hade det optimalt i den bemärkelsen. Jag vaknade till, vissheten slog mig och började förändra en del i mig. Man kan inte sakna något man inte trodde fanns, men man kan känna att något fattas. Man kan inte ta på det. Jag förstod bara att jag inte hade den respekten mot mig av min dåvarande man som min väninnas man hade för sin fru.

Tilliten är inget som kommer gratis, det är något man förtjänar och det tar tid. Så vad gjorde jag för fel? Så här i efterhand inser jag att jag inte gjorde mer fel än någon annan, det var bara det att jag hade en man som inte respekterade mig. Så respekterade jag mig själv? Med tiden ändrades mina frågor till mig själv. Är jag inte värd mer? Allvarligt, ska det vara så här för alltid? Vill jag ha det så här resten av mitt liv? Är hans beteende normalt? Vad gör jag för fel och vad kan jag ändra på?

Jag hade gjort allt jag kunde komma på för att förändra mig. Mina idéer var slut och jag var slut. Så det var bara att-gå-alternativet kvar. Men jag visste inte var dörren ut var, och letandet efter dörren tog tid. Tillslut en dag så jublade jag och upptäckte att jag var därifrån. Jag var inte kvar fysiskt i samma hus, och jag var inte fri. Fri är inte samma sak. Det tar sin tid. Allt har sin tid. Jag är så jävla trött på att allt tar sån tid med mig, fan en snigel är snabbare.

Men som Freud säger; Det handlar om barndomen.

Jag tappar/tappade sin egen/min inverkan på sitt/mitt egna liv. (läs meningen/meningarna igen, lika men så olika)

Det var så lätt att ha någon att skylla min egen inverkan på, mitt egna liv på, som Freud.

Kapitel 9

Jag vet att barn har lika många smärtreceptorer som vuxna, men i och med att kropparna är mindre sitter smärtreceptorerna mycket tätare, det är inte svårt att förstå. Genom att de sitter tätare än på en vuxen är det inte konstigt att man får trösta, blåsa och tycka synd om ofta, då barn är små. Det är inte att de blir äldre och lär sig tåla mer. Att inte gråta så fort de slår sig som små barn lättare gör. Det är för att smärtreceptorerna glider isär ju större vi blir. Vi lär oss inte hantera smärta, det gör bara inte lika ont, inte lika koncentrerat. Därför är barns uppfattning sann för dem, det gör ont. Det är det onda av händelsen vi bär med oss som minne. Det är sanningen för en själv. Det är som min smärta, den är också min sanning.

Det får mig att tänka på när jag var liten och det onda begravdes för det gjorde för ont. Att hantera sanningen var för smärtsam. Jag transformerade mig bort från mig själv. Jag blev inte närvarande i mitt eget liv. Behoven lades på is. För hade jag inga behov så tog jag ingen plats och jag syntes förhoppningsvis inte lika ofta. Ingen sa till mig eller jag såg inte på någon löpsedel- **DU har ansvar över ditt eget liv, du**

kan bli vad du vill och du ska behandlas med respekt bara för att du är du. Hade jag läst det hade jag nog inte fattat, jag hade nog trott att det var en recension av en komedi.

Tänk vad lätt det är att skylla på något. Är det lättare att stå ut med sig själv då man kan skylla på någon annan?

Sanningen finns, alltså finns du
Glöm och sanningen finns fortfarande kvar
Vänta, vänta så kommer sanningen fram

Kapitel 10

Det var inte mitt fel förstår du väll för hade du inte sagt så, så hade jag inte blivit arg. Det förstår du väll, att jag får skämmas då du inte kan uppföra dig. De pratar om dig och undrar vad det är för fel på dig när du inte kan uppför dig. Märker du inte att de undrar vad du håller på med. Du är så trist, tråkig och asocial. Du skrattar inte åt mina skämt, du skratta för lite, du skratta för mycket. Roa mig, hitta på något kul. Ska vi äta det där? Har du inte kryddat? Det där jag vill inte ha, jag trodde du skulle göra något gott. Jag gör det där så det smakar det något, jag åker och handlar något man kan äta. Vad! Ska du på tjejmiddag? Det har du aldrig sagt. Ska du se ut så där? Jag som trodde vi skulle ha fredagsmiddag, men åk du. Vad! redan hemma, var det inte roligt? Det är socialt att dricka vin, så ta lite nu, du är så tråkig. Om jag ska hänga tvätten? Nej det vill jag inte. Du är inget! Vad! Är du ledsen? Ska jag ringa någon, mamma kanske? Har du köpt fläskkarré? Vad är det du inte förstår, jag gillar inte det har jag sagt. Man kan ju inte påstå att du är snygg i mössa precis.

Så här kunde det se ut varje dag, ibland flera gånger om dagen och jag skulle kunna skriva sida upp och sida ner på kommentaren som haglade som spridda skurar. Jag kan inte förmedla stämningen som dallrade i luften. Jag kan inte förmedla sättet han sa det på eller blickarna som skar in i mig. Min upplevelse av oförståelse för hur någon kan behandla den man lever med eller egentligen mot vem som helst med syrliga, elaka kommentaren, kommer jag aldrig att förstå. Jag kan känna ilska mot mig själv över att jag inte bara skrek HÅLL KÄFTEN. Att få saker att fungera i det jordiska livet är inte alltid lätt men jag trodde jag kunde öva och bli bättre. Men att vara förberedd på allt är inte möjligt. Det syns inte utanpå att jag övat men det känns. Jag är trött på att parera min omgivning, att inte kunna tillåta mig att slappna av. Undrar om jag någonsin kommer sluta vara misstänksam och vara på min vakt mot människor i min omgivning? Kampen om att våga släppa taget, rädslan att släppa det kända är svårt. Det var tanken på att det inte kunde bli värre som förde mig framåt. Han bestämde att alla saker i vårt gemensamma hem den dagen då vi separerade var hans, med undantag på några få saker jag så snällt skulle få. Men inte ens de sakerna fick jag för han ändrade sig. Jag "tog" en soffa som vi hade två av. Det var inte populärt. Han tog mina smycken som jag fått av honom vid tillfällen då han varit i någon sorts ånger. Förlovningsringen och vigselringen tog han också, även smycken jag handlat till mig själv tog han. Han tog allt. Det spelade ingen roll om det var saker som jag hade innan vi träffades. Det som gör ondast att förlora är den ring jag köpte till mig själv i examenspresent då jag gick ut sjuksköterskeskolan.

Kapitel 11

Vad ska jag göra, äntligen mina, något!
Betalning för vad? Betalning för något
Åt mig, åt vem
Är vem någon jag?
Ack nej

Jag fick ett arv efter min biologiska mormor som jag tänkte skulle vara min buffert. Både för praktiskt bruk och själsligt lugn då vår ekonomi var ansträngd mest hela tiden. Jag har alltid velat ha en buffert för oförutsagda saker. Banker säger att man bör ha en månadslön minst i buffert och det här var många månaders buffert för min del. Men han tyckte att ett bubbelspa ville han ha. Många turer fram och tillbaka. Jag vägrade att köpa ett bubbelspa. Han tittade och hämtade kataloger. Vi for runt och han bestämde ett som han beställde och jag fick betala. Vad jag kände och ville spelade ingen roll. Jag var för svag. Bubbelspat kom och efter det hade jag ingen buffert kvar. Då skilsmässan var ett faktum ville jag sälja mitt spa för att få lite pengar.

Han svarade att det hade han sålt med hans hus som jag stått på lånen på men inte ägde. (Vanlig fälla enligt jurister)

När vi skulle köpa huset och vi satt på banken fick jag lånehandlingar att skriva på. Jag sa inte nej, då jag också ville äga huset på papper, inte bara på lånet. Han sa att det fixar vi sen. Vi satt på banken med bankmän som han kände genom att han hade sin firmas kapital där. Situationen blev pressad. Jag skrev på då han sa att vi fixar det sen. Han skulle sätta mig som delägare till huset för att jag skulle stå med på lånen då jag inte ville vara med på lån om jag inte var 50 % ägare till fastigheten. Han skulle fixa det endera dagen. Det var bara det att den dagen aldrig kom trots att jag bad om rättelsen många gånger. Han lurade mig varje gång med olika saker och jag gick på det. Jag ville inte tro att någon kunde lura mig med avsikt. Men så här efteråt så har jag förstått att han gjorde det i stort sätt varje dag. Han hade inga skrupler alls vad det än gällde. Så när huset såldes fick jag inte ett öre.(Ja, jag var till advokat)

Många andra saker är också bara materiella som jag kan klara mig utan, men det är grejen att han tyckte att han skulle ha allt och jag inget. Till och med sängkläder blev det diskussion om. Han tog de nyare och sa att jag kunde få tillbaka något av dem senare då han köpt nytt. Likaså var det med handdukar och andra småsaker. Vi hade en del saker som jag tyckte mycket om som jag då bad honom att jag skulle få ta med mig men som han nekade att jag skulle få. Då jag frågade varför jag inte fick ta med mig sakerna då de inte betydde något för honom, svarade han mig att det var för att jag inget skulle ha. Jag förstår fortfarande inte varför jag ens diskuterade om saker som var mitt. Men då var då och jag väljer i dag att lägga så lite energi på det som möjligt, men det är svårt då jag känner frustration över ett beteende som jag inte förstår. Att någon nekar och gör någon illa medvetet och förvånande nog inte ens döljer det förstår jag inte. Vår dotters rum delade vi inte heller upp då han inte ville att hon skulle förändra sitt rum innan han också flyttade. Då han flyttade var det slut på den diskussionen, jag fick inget från vår dotters rum alls. Under åren som följde bönade och bad jag honom att även jag ville ha saker från hennes rum som var minnessaker. Saker som hon fått av min syster och vänner. Min dotter och jag fick skapa nya minnessaker att ha hos oss.

Utemöbelgrupper satt han med tre stycken, jag vågade ta det fjärde, det trasiga. Jag skulle kunna berätta hur mycket som helst men det blir för många sidor och jag blir bara arg. Det ska inte slå ner mig men han sitter på ett hus han köpte för många miljoner utan lån, jag sitter på höga lån. Han fick allt materiellt, jag fick tillbaka mitt liv. Idag hade jag kämpat på ett annat sätt men då vågade eller kunde jag inte göra annorlunda.

Kapitel 12

Det finns personer som är konstnärliga, roliga, pyssliga, allvarsamma, buttra och sådana som är som han. Genom att sätta honom och hans karaktär i ett fack blev och blir det lättare att acceptera situationen och det sätt han var och är på. Det gör det lättare att släppa letandet i olika förklaringar, lättare att inte lägga all skuld på mig själv. För han var som han var och han kunde inte förstå att han handlade fel, därför kunde han heller inte förändra. Men för den skull accepterar jag inte hans beteende.

Kapitel 13

Om du hatar, lär dig hata rätt så energin går till dig och inte till något du inte kan göra något åt. Men vad kan vi göra åt något, om detta något inte är till oss själva?

Det är nog det svåraste att förstå, att det handlar om mig i mitt liv och inte någon annans liv. Hur kan jag göra så att jag inte förgör mig i detta hat? Det oåterkalleliga av mina misstag att inte vara vaken i mitt liv. Ja vaken var jag, men pinsamt nonchalant. Tur jag tror på reinkarnation så jag kanske kan få fler chanser, i en annan tid, i ett annat liv. Halleluja. Så misstagen, idiotin att inte stå upp för mig själv, att låta mig behandlas illa, kanske kan få en uppgörelse. Nej inte uppgörelse, utan mer. Nej! Nu jävlar är det nog. Fast jag kan konstigt nog vara lite stolt över mitt eget tålamod av hur jag blev behandlad utan att dra därifrån. För säga ifrån det gjorde jag på alla sätt jag kunde komma på med hjälp av att läsa böcker, egen terapeut och jag fick jag honom till par terapi två gånger, men inget fungerade. Jag försökte förklara hur jag kände, jag grät, jag skrev brev både till honom och mig själv i början av vår relation. Inget hjälpte, jag gav till slut upp. Det finns inga mallar eller domare som sätter betyg på hur vi beter oss. Förr fick man betyg i uppförande, det kanske vi skulle införa igen, så man från början lär sig att ett bra uppförande lönar sig. Det finns handböcker inom många olika områden där det står hur man ska vara och uppföra sig. Man har livskunskap i skolan där det tas upp hur man ska vara en respektfull människa mot sig själv och andra. I min roll som skolsjuksköterska har jag haft många hälsosamtal med barn där det kommit upp att en del som är invalda i den antimobbningsgrupp som finns på de flesta skolor inte borde vara där. Barnen väljer barn i skolan att representera en organisation som finns i olika namn och i olika kommuner. Det händer att många av barnen vill vara med och talar om för sina klasskamrater att de ska välja dem. En del blir valda för de som ska rösta inte vågar något annat än att rösta på en stark person i klassen mer än att den faktiskt är lämplig. Bara där är det helt fel. Vi kan inte vara förberedda på elakhet, för jag tror att vi i vår natur är snälla. Men ibland går det snett i insikten hur man är en bra medmänniska oavsett om vi går på förskola, skola eller på en arbetsplats. Det finns kollektiv elakhet på arbetsplatser likväl som på skolor. Om någon är elak eller slänger ur sig syrliga kommentarer kan det göra resten av gruppen osäker och det gäller både barn och vuxna. Man blir osäker på om man missförstått, ingen annan verkar reagera, man skakar lite på sig och går vidare med det man nu höll på med. För man tror inte någon kan vara elak så öppet, det måste var ett misstag eller så tvivlar man på sig själv, att man missförstått det hela. Varför inte säga – vänta lite, vad menade du med det? Var det där så snällt sagt?

Det är inte ofta någon ställer sig upp och konfronterar personen som är elak, inte på skolor och inte på arbetsplatser. Jag har hört att det är jargongen här, det är inte så farligt, han tycker det är roligt, hon gör ju likadant. Ingen säger STOPP.

Barnen tar hjälp av vuxna och säger att t.ex. Bosse var dum mot mig, han sa si och så, och då tar personalen hand om problemet genom att prata med barnen om vad som är rätt och fel. Vad som kan göra någon ledsen, de får säga förlåt och så kan barnen fortsätta leka som om inget har hänt. Man pratar om känslor i förskolor och i skolor. Man lär sig empati och vad det står för. Man lär sig vad som är rätt och fel i olika sociala sammanhang. Men i vuxenvärlden, vem tar in oss på samtal, stoppar oss mitt i en mening? Säger stopp här, om ni inte kan vara snälla och visa varandra respekt så ringer jag till mamma och pappa så får vi ha ett samtal. När sådant här händer på arbetet är det lätt att det blir en orolig stämning på hela arbetsplatsen väldigt fort. När någon kommer in med dålig attityd kan det göra resten av personalen kollektivt osäkra och hela gruppen kan hamna i en negativ spiral. Man kanske byter jobb. Vem eller vad är felet? Vem har ansvar att lyfta problemet? Vem flyttar man på? Ska man flytta på någon?

Hur är det på våra skolor? Kan barnen byta skola hur som helst? Vem ska flytta? Förövaren eller den utsatta? Eller ska man ta tag i saken och visa att det går att lösa. Att inte ge sig för att det är ett svårt, jobbigt och laddat ämne. Ibland mer laddad hos föräldrarna än hos barnen. I min yrkesroll får jag information om saker som berör hur vi är mot varandra. En dag fick jag en tidskrift som heter Nolltolerans som riktar sig till vuxna i skolan och som i vardagen kämpar för en bättre och tryggare skola. Det var en intervju med Sören Olsson som är författare till bland annat Sune, Bert och Håkan Bråkan. Han får där frågan vilka råd han skulle ge till de som känner sig utanför och inte lika mycket värda. Svaret han gav var så bra och så lätt att jag återberättar hans svar, med hans medgivande såklart.

"En viktig sak är att jobba med insikten att man egentligen inta ska förtjäna eller behöva andra människors godkännande. När man lägger för mycket vikt vid att göra andra nöjda så förlorar man en del av sig själv. Alla människor vill bli älskade. Ibland gör vi väldigt dumma saker för att få den kärleken. Bland annat så slutar vi ibland att vara naturliga. Och när vi inte är naturliga så kan vi heller inte bli älskade som de vi är. Vi kanske, kanske kan få kärlek om vi lyckas prestera en viss sak. Men den som då blir älskad är inte den vi är. Den som blir älskad är den vi låtsas vara. Det är därför jag envist tjatar om att vi redan duger, så som vi är. Det är från den insikten som vi kan utvecklas till att bli de människor vi alla har potential att bli".

Kapitel 14

Det var kanske det som gjorde att jag till slut inte orkade längre. Jag orkade inte försöka vara någon annan person i min relation som jag inte kunde vara, någon jag inte kunde leva upp till hur jag än försökte. Jag klarade inte av att försöka att hitta vem min exman ville att jag skulle vara. Jag kunde inte vara jag och uppenbarligen inte någon annan heller. Han älskade ingen av de personer jag försökte mig på att gestalta. Till slut visste han nog inte vem jag var eller så var jag aldrig mig själv då jag inte ens visste vem jag var med honom. Det är inte konstigt att han inte älskade mig, då jag själv inte visste vem jag egentligen var. Jag själv, och jag tror många med mig, kan komma till ett stadie då det inte går att vara kvar i en relation oavsett hur den ser ut, om man ska spela teater hela tiden. Jag spelade på så många olika strängar att jag själv inte visste vilken tonart som var den rätta. Var det då bägaren rann över och jag gick? När jag inte kunde improvisera längre, idéerna var slut? Tur att jag inte blev älskad för något jag inte var. Det skulle i så fall bara varit en illusion som vi båda skapat av olika orsaker.

Som sagt vi ser alla olika på olika situationer och vi måste lära oss att så är det. Det svåra med oss människor är att ingen ser innanför någon annan. Man kan inte se någons sår om det inte syns för ögat. En skadeskjuten fågel kan alla se men om såren är där inne, hur ska man se skadorna då? Timbuktu sjunger i sången "Flickan och kråkan" att finns det liv, är det aldrig försent.

Kapitel 15

Att lägga sig i andras liv, är det fel? Ska vi inte säga till barnen på gatan som slåss eller beter sig illa? Nej i dag är det nästan ingen som vågar för att inte själv råka illa ut, och de som gör något, de blir omnämnda som Sveriges hjältar och får vara med i TV-gala och få pris eller så blir de nersparkade eller knivhuggna. Man ser inget innanför de osynliga väggarna. Anar man något illa så stänger man eller allra helst springer man förbi för att man inte vill se. Man vet inte, vill inte lägga sig i. Tänk om jag överreagerar och någon blir förolämpad. Herre gud, vad skulle kunna hända om man skulle titta på en vän, granne, arbetskamrat i ögonen, lägga händerna på axlarna och fråga;

"Hur mår du? Är det ok? Jag upplever att det är något som inte stämmer, jag finns för dig när som helst, bara så du vet".

Jag skulle inte bli arg, kanske bara lite mer hel.

Vem ska kunna se, kunna förstå då dörrar är stängda. Ljus står och brinner på bordet och man ser människor som bor i huset gå omkring. Vem ska förstå, vem skulle ens kunna veta vad som händer där inne. Ingen! Man kan inte föreställa sig, man vill inte veta. Hur kan man förstå att därinne råder rädslan som skallrande bjällror i varje vrå. Jag kan gå förbi hus på kvällen när det är mörkt. Jag ser människor röra sig inne, lampor är tända, jag ser en katt i ett fönster, leksaker i trädgården, en omkullvält cykel. Någon jag möter säger glatt hej, någon annan tittar ner i marken. Kan vi inte hitta på en hemlig kod som vi som varit med förstår. Så vi kan hjälpa varandra utan ord om vi skulle mötas på gatan. Så vi vet att vi finns, och vi är alldeles för många. Vi erbjuds ju gruppterapi för fan. Hur kan det vara möjligt att någon inte springer därifrån om dörren faktiskt är öppen. Men det är inte så enkelt. De osynliga gallren är kanske de svåraste att bryta sönder.

"Varför gick du inte bara? Du som är så stark, hur kunde du gå med på att bli behandlad så?"

Ja, det går sakta men säkert, så snabbt ibland att jag själv inte hängde med.

Vad fan hände? När började det? Så här i efterhand kan jag se att det började det ganska på en gång. Den psykiska terrorn, den psykiska misshandeln. Smygande som en katt som ibland tog djärva språng så jag blev överraskad och rädd. Sakta, så blev det som det blev. Under detta sakta, blev jag inte mig själv hemma. Inte jag i mina tankar och inte i mina känslor. Jag bara existerade. Livet blir som det blir och inte alltid som jag tänkt mig, om jag tänkt. Men om jag inte tänkt utan bara varit, hur hade det blivit då? Jag föds och jag dör, men där emellan måste jag fan andas, leva, göra saker och förhoppningsvis något bra för mig själv och andra också om jag orkar. Men ibland är orken slut, bara så där utan att jag gjort något. Ibland har jag orosbollen som en trumvirvel i magen, den är jobbig och tar energi. Det är en inre stress att vara medvetenhet om att det inte är ok att vara jag, när jag faktiskt vet att jag ska duga som jag är. Jag ska accepteras av andra bara för att.

Kapitel 16

Stress är ett ord som är laddat med negativet. Stresstjuvar har vi hört om hur många gånger som helst, positiv stress är bra. Men hur lätt är det att bestämma det, vad som ska vara positivt eller negativt just då. Oftast tycker jag att jag upptäcker vilken nivå det är efteråt. Men det är så dags då att förändra om det är negativt och bara köra på om det är positivt. Allt handlar om att tänka, analysera, så att jag kan vara beredd, förberedd. Vad fan hände med det spontana, som är så bra. Spontana människor är väl härliga, fulla av liv och vad gör det om det blir lite tokigt ibland. INTE ETT SKIT. Hur lätt är det om man är jag? Inte alls lätt då mitt huvud äts upp inifrån av allt tänkande. Jag ska sluta tänka, bara vara. Gud så enkelt egentligen. Men hur gör jag?

Ska jag bara lägga mig ner och göra ingenting, eller tar jag dagen som den kommer? Alltså vilken balans ska jag ha? Är det flummigt? Vad är flummigt? Nej det är nog bättre att ha koll på läget. Men om jag tror att jag har koll kanske jag egentligen inte har koll alls. För ju mer jag vet så vet jag att jag faktiskt vet ganska lite. Spelar det egentligen någon roll?

För vem ska bedöma mitt vetande, kanske jag själv, fast ska det spela någon roll egentligen?

Äh nu tror jag att jag snurrat till det.

Kapitel 17

Måste jag förlåta för att kunna gå vidare? Kan jag gå vidare utan att ha fått ut all min ilska, hat, all skit som finns därinne?

Så att han jag är arg och hatisk mot fattar vad han har gjort och sagt förlåt. Det är väl inte jag som ska förlåta för att jag har blivit behandlad som skit, för att han inte förstår empati. Jaha, men det kan han ju inte rå för, stackarn. Jag vill att han ska be på sina bara knän och få känna samma ångest och rädsla jag hade för honom. Att han får känna på känslor som han inte har och inte har förståelse för. Jag vill aldrig förlåta för att gå vidare, jag vill att han ska förlåta mig. Det kommer inte ske. Jag vill att han ska lida. Att använda en woododocka skulle vara något, men vad tjänar jag på det? Inget av betydelse, så jag behöver inte sy en docka och för den delen är jag inte duktig på att sy i alla fall. Men en ful docka fungerar kanske ändå. Nä, det där med att förlåta, förändra och förstå är bara att lägga ner. Det är som Sara Varga sjöng: *Det är bara att gå, att slå tillbaka är inget värt, du kan inte förändra, kommer aldrig förstå, det enda du kan göra är att gå. Du klagade på hela mitt väsen, tills jag inte var hel. Jag älskar livet, det får du inte ta ifrån mig.*

De drabbade är de som egentligen är de starka. De är kvar och går tillbaka till hemmet, till skolan, arbetsplatsen eller var det nu är som man inte blir behandlad med respekt. Precis så är det för oss som levt och för de som fortfarande lever med människor som saknar empati och inte visar respekt. Vi är starka, vi vistas i detta varje dag, men trakasserierna kanske inte kommer varje dag, men är alltid närvarande ändå. Det går inte över, man vet inte när eller i vilken kraft det kommer oavsett om det är med ord eller slag. Oron och ovissheten bryter ner en så man inte riktigt vet när man själv tappade verkligheten till sitt liv. Att förlåta någon annan för att jag ska gå vidare, nej tack. Jag går vidare iallafall.

Kapitel 18

Gruppterapi, här kommer jag!

Dagen innan första mötet var jag lite tom på något sätt. Precis som om jag förberedde mig på att försvara mig eller kanske var det en rädsla att vara en del av en grupp men samtidigt på något konstigt vis känslan av att vara utanför. De hade nämligen träffats tre gånger tidigare, eftersom jag haft lite svårt att bestämma mig om jag hade tid. Så fånigt! Det var inte mer än en dålig ursäkt jag kom på så jag bestämde mig för att, vad fan är problemet?

Men grejen var att jag hade ett problem som uppenbarligen var sant. Det var ju därför som jag blivit erbjuden att gå i gruppterapi. Jag gick stegen jag gått många gånger innan. Jag kände mig helt plötsligt förbannad på situationen. För att i allt detta och i min oförmåga att klara av mitt hat gjorde att jag måste ta av min privata tid för något jag blivit utsatt för och som jag inte bett om eller förtjänade för den delen. Jag skulle uppenbarligen ta av min fritid för att förstå honom och hans agerande. Då skulle han i alla fall få min tid och energi. Det störde mig mest.

Jag klev in i rummet där vi skulle vara, ganska så arg. Skillnaden nu var att det inte bara var jag och min terapeut. Det var en terapeut till, en manlig, och fyra kvinnor i olika åldrar. Då de redan hade träffats så granskade jag dem och de granskade nog mig också. Vi presenterade oss och fick berätta en liten kort historik om varför vi satt där. Alla hade vi ungefär samma erfarenheter av våra exmän och kommit i kontakt med ATV på olika sätt. ATV står för Alternativ Till Våld och finns på en del kommuner i Sverige och även andra länder med. Våra exmän var ganska lika till sättet förstod jag av det jag hörde. Betydde det att det var vanligare än jag trodde med den behandling vi fått utstå? Betydde det att mina problem med min exman inte var så speciellt galet? Han kanske inte var unikt elak som jag velat tro för att försöka förstå och ursäkta hans agerande. Om det inte var så ovanligt galet, vad gjorde jag då där med dessa kvinnor som verkade förändra min uppfattning om delaktigheten i relationen till min exman?

Jag var förvirrad när jag gick därifrån samtidigt kände jag igen mig i hur förtvivlat förvirrad man kan känna sig i en relation med dessa män som hade samma egenskaper.

Känslan av vanmakt och oförstående. Hur omöjligt det är att försöka förstå agerandet dessa män höll på med. Där var vi kusligt lika i vår förvirring att försöka förstå. Men det är ingen idé att försöka förstå då det inte finns några svar. Jag vet inte om jag såg fram mot nästa träff.

Kapitel 19

Andra träffen var ett lyckokast. Vi lärde oss att i terapin finns ett ord som heter "Latent våld" och det blev som en uppenbarelse då jag hörde om det. Det betyder: *Finns där i kraft av sin möjlighet.* Att få reda på att det fanns ett vedertaget ord för den stress som var min och uppenbarligen de andra kvinnornas vardag. Mellan affektgångerna av den psykiska terror vi var utsatta för var vi även utsatta för vad som kallas för våld. Det är det latenta våldet som nästan är det värsta. Det som jag får kämpa mest med att bli hel ifrån. Det var stressen av att inte veta när eller hur det skulle bli nästa gång som bröt ner mig mest. Det var efteråt som orden, blickarna gick in i själen. När det hände så kände jag mig så som jag blev behandlad. Att förstå att detta också var våld stärkte mig och jag fick en bekräftelse på att jag inte var knäpp i min osäkerhet, mina tankar om och hur jag kunde göra på ett annat sätt så jag inte skulle göra fel. När jag blev utsatt för saker så påverkade det mig under just den stunden, men det är som ringar på vattnet. Det påverkade mig lika mycket, om inte mer efteråt. Jag tänkte och kände saker för tänk OM det händer igen då jag i början trodde det var ett misstag. Jag måste förstått fel, vad jag var knäpp som trodde så konstigt. Såklart det är mitt fel, hur kunde jag tro att du menade så om jag inte gjort si eller så. Sedan började tankar och känslor smälta ihop som ett enda töcken av väntan mellan gångerna och tankar och känslor om det som skett och det som efter en tid var uppenbart att det skulle ske igen. Det var bara fråga om när. Intervallerna mellan attackerna blev kortare för varje gång. Jag fick aldrig vila i en lugn vardag. Det var ett helvete. Det latenta våldet är nästan värst, det som bryter ner en fullständigt. Det är det som påverkar ens vardag och konsekvensen av det är att det går ut över resterande familjemedlemmar för jag orkade inte stå emot då elakheterna kom. Den psykiska nedvärderingen var total. Jag gjorde allt för att stormen av det empatilösa sättet och orden skulle ske fort eller helst inte alls. Jag ville förhindra det till varje pris. Till och med så att jag ibland gjorde fel val i förhållande till mina barn. Jag övertalade mig och barnen vissa saker som att flytta dit han ville att det skulle bli så bra, även fast jag kände att det var fel, fel för mig och fel för mina barn. Det är detta som jag inte kan få ogjort, det är detta jag kan bli ledsen för. Att jag inte lyssnade mer på mina barn och mig själv. Stå upp för mig själv och kanske säga då jag får en fråga eller om jag ska ta ett beslut så kan jag be den jag har framför mig att den får vänta med ett svar för jag måste fundera och återkomma då jag känt efter vad som känn rätt. Det kan ta mer tid, det spontana kanske försvinner. Men det är inte i varje situation jag ska göra så, kanske bara i de fall det kan ge stora konsekvenser för mer än bara mig själv.

Vem har sagt att det är lätt att leva?
Det gäller bara att leva det varje dag, tills vi en dag dör

Kapitel 20

Jag har en fantastisk väninna som har en tavla hemma som hon gjort av en utklippt bild där det står: *Går det åt helvete så gör det.*

Ja! Lev och gör det bästa av det du kan påverka, vad annat kan vi göra? Jag ska leva och göra bra saker, det är min vilja och nu styr jag över den mycket bättre än förut. Men ibland kanske det kommer att gå åt helvete och vad fan ska jag göra åt det då?

Terapiträffarna, gruppträffarna eller jag kanske ska tala om dem som en tjejträff med en manlig energi som är med och ska tala oss kvinnor till rätta. Eller är hans uppgift att vi inte ska flippa ut fullständigt. Jag vet inte, men han är säkert där för en anledning. Han är bra, inget ont i honom. Just den här träffen vi hade en regnig dag i maj som faktiskt hade börjat med sol slutade med att jag var ok med att bli äldre och inte rädd att det en dag skulle vara slut med mig. Det var ganska skönt, men jag kände mig så trött. Jag kom dit ganska neutral, annars brukade jag gå dit med tillförlit och ibland i försvarsställning för vad som skulle komma upp och hur jag skulle känna inför det vi pratade om. Denna gång satte vi oss som vanligt i våra stolar som stod i en rund ring och det var lappar på golvet med siffror 1-10 på. Vi skulle ta en lapp som symboliserade var man var just i dag. Ettan var mindre bra och tio var skitbra. Veckan innan tog jag en sjua för jag var glad för att jag kände att grupptillfällena gav mig lite styrka. Denna dag tog jag upp en fyra då jag tidigare på dagen förstått att min exman inte skulle fixa ett videoklipp på vår dotter då hon sjungit solo på ett läger. Något han lovat i nästan ett år. Nu hade jag anmält henne till ett nytt läger som hon såg fram emot. Denna gång skulle jag inte missa det uppträdandet och jag skulle filma själv. Den här regniga majdagen skulle vi tänka på en händelse som vi blivit påverkade av i början av relationen vi haft med våra män, men som vi då kanske inte tänkt på. Jag fick direkt upp en bild av en händelse i början av vår relation. Vi hade träffats i ca 2-3 månader då vi var bjudna på middag hos en av hans vänner. Jag körde och vi hade även med oss mina barn. När vi kom fram blev vi bjudna på ett glas champagne eller var det vin? Det spelar ingen roll. Jag sa - Nej tack jag kör. Då sa han till mig att:

"Ta ett glas vin vi kan ta taxi, det är väl trevligt, kom igen nu". Då barnen hörde detta sa de ja, vi kan åka taxi. För taxi var inte de vana med.

"Ja kom igen nu, slappna av".

Så helt plötsligt hör jag mig säga:

"okej då jag tar ett glas då".

Det var trevligt och vi beställde en taxi. Jag bar ut min minsta son till taxin då han nästan hade somnat innan vi skulle åka hem och jag talade om för taxichauffören vart vi skulle, vilket var hem till mig. Då han säger:

"Men jag ska till mig, jag tänker inte sova i ett radhus i Täby, det är helg i morgon och du kan följa med. Den lilla sover så för honom spelar det väl ingen roll att åka båt ut till ön." (Han bodde på en ö en liten bit utanför Vaxholm)

"Ja men de stora vill hem, jag vill hem".

Vi stannade taxin hemma hos mig och de äldre barnen klev ur. Han sa till dem att de skulle klara sig till i morgon då jag skulle komma hem. Så åkte taxin med mig, den lilla och han. Barnen såg jag gå mot mitt och deras hus ensamma, 11 och snart 14 år gamla. Jag kommer aldrig förlåta mig för att jag inte sa ifrån till vinet, jag skulle ju köra, inte åka taxi. Att jag inte sa: Jag och barnen kliver av här. Och varför skrek jag inte bara: VÄND DEN HÄR JÄVLA TAXIN JAG SKA HEM TILL MINA BARN. Dagen efter är mig totalt blank, den har jag förträngt, precis som andra saker som varit för jobbiga att bära. Jag skäms för att jag redan efter så kort tid var under hans makt. När jag berättat denna historia för min lilla torsdagsgrupp så kände jag bara, FY FAN. Jag skämdes.

Kapitel 21

Jag känner skam över att jag ibland tystnat inför jobbiga saker. Jag har aldrig pratat med barnen om de kommer ihåg händelsen eller vad de tyckte och tänkte och kanske fortfarande tänker på. Jag är uppvuxen med att aldrig prata om saker så i vissa fall har jag gjort samma sak. Har jag gett dem samma strategier att hantera vissa saker? Jag måste ta upp detta med dem. Så vad ska jag göra nu? Ska jag berätta och fråga och väcka något som de inte minns? Ska jag dra upp det lite försiktigt och se om de överhuvudtaget kommer ihåg händelsen. Eller är det så att de inte ens kommer ihåg, det berörde inte dem? Jag visste inte om denna händelse påverkat dem på något sätt, men jag visste att jag var tvungen att veta och få be om ursäkt så det vara bara att ringa dem. Jag ringde min äldsta son först för att det bara blev så, jag visste att han var ledig den här dagen och det var inte min dotter. Den yngsta sonen som följde med oss till ön, honom tänkte jag inte prata med då han var liten och inget trauma förelåg för hans del ansåg jag. Jag laddade.

Min äldsta son svarar:

"Hej mor, har inte tid". Ett till *"Hej "*och klick i luren.

Vad fan. Okej får försöka igen senare då, säger jag till mig själv och pustar ut av lättnad men samtidigt var jag ju så laddad.

"Hej, hur har du det?"

"Tack bra, lika bra som sist du frågade, typ i går! Hur mår du?" frågar min son

"Tack bra, det är en sak jag vill fråga".

Sedan förklarade jag för honom om händelsen som hänt nästan 10 år tidigare och undrade om han kom ihåg den. Han var tyst, jag väntade på att han skulle säga ja. Det fanns inget annat alternativ än att han skulle säga att han kom ihåg, men det kom inget. Han frågade bara när skulle det här hänt? Det kom han inte ihåg överhuvudtaget. Phu, vilken lättnad. Då behövde jag inte ge honom telefonnummer till någon terapeut på grund av detta. Det var en lättnad att känna att han inte tagit skada av det mer än att jag känt mig som en taskig svikare till mamma då detta gnagt i mig. Släpp det sa han bara. Nu var det min dotter jag skulle konfrontera. Hjälp

"Hej gumman hur är det?"

"Jo bra, hur är det själv?"

Så fick jag igen berätta varför jag ringde och undrade om hon kom ihåg detta. Men hon räknade bara snabbt ut hur många år hon och hennes storebror var vid det aktuella tillfället och blev bara förbannad på hur han påverkat mig redan då och hur tiden med honom var under så många år. Varför tog jag upp detta? Vad gjorde det för nytta? Skadade jag dem av att nämna det då de inte kom ihåg? Men jag blev faktiskt hjälpt av att det inte skapat agg mot mig som person eller som mamma. Jag kunde faktiskt andas ut och kunde gå till nästa gruppterapi och berätta att de inte hade kommit till skada av detta som gett mig så dåligt samvete sedan det kom upp på terapin. Hur mycket oro går vi egentligen omkring och bär inom oss som dåligt samvete? Att vi kan känna oss taskiga eller att vi kanske gjort något fel. Men ibland gör vi fel i situationer vi just då inte kunde göra annorlunda av olika anledningar. Jag ska i alla fall hädanefter bli mer uppmärksam och tänka till innan jag agerar och framför allt då det gäller mig själv i relationen med mina barn. Jag upplever att jag alltid tänker på dem först så jag vet att de mår bra just då och även senare av saker vi gör eller saker jag säger och hur jag behandlar dem.

Jag behandlar dem alltid med respekt utifrån deras personligheter, var och en för sig. De är olika som personer och jag är kanske även lite olika i min relation till dem var för sig. Nu kan jag iallafall släppa detta och jag kan lugnt komma tillbaka till gruppen och berätta att de inte mindes och de hade inte tagit skada. Jag är glad att jag vågade fråga dem och att jag vågade lyssna på deras svar. Jag var rädd att de skulle döma mig. Jag är fortfarande rädd att de inte ska acceptera mig och förlåta mig för att jag inte stod upp för dem. Men det fanns också många gånger då jag stod upp för dem och det kändes så rätt. Jag har varit både ledsen och arg men min relation med mina barn förstod min exman inte och det största sveket mot mig själv var att jag inte orkade slåss hela vägen för vad jag kände var rätt eller fel. Jag slogs för många saker men jag fick honom aldrig att förstå hur det var att ha egna barn. Så vad tänkte jag då han ville ha barn? Jag sa först nej. Men sedan hade mitt hus sålts och vi hade flyttat in till honom och jag tänkte att han kommer förstå hur mycket kärlek man har till sina egna barn om han får ett eget. Då kommer han inte bråka om min tid med barnen om han får ett eget. Då kommer han förstå att man vill vara med dem jämt och ständigt, att man vill uppleva vardag och semester. Att jag känner mig som en svikare för att jag har skilt mig och jag har raserat deras mamma, pappa, barn- idyll. Att jag ibland har dåligt samvete och ibland vill skämma bort dem med en improviserad myskväll fast det är en vanlig tisdag. Att ta vara på tiden jag har med dem, för tiden går så fort och de blir stora fortare än jag hinner blinka och jag vill visa dem hur man är mot varandra och att "vi" känslan är så viktig. Viktig för mig och viktig för dem. Men han ville inte vara med oss i vårat "vi" och han ville definitivt inte ha dem med på semester eller göra aktiviteter med oss. Detta resulterade i att det inte blev mycket som hände utanför hemmet. Synd för honom så här i efterhand. Vad han missade underbara människor att ha runt omkring sig. Vad han missade att kunna vara en person som var omtyckt. Han missade chansen att få bli betydelsefull och respekterad och känna glädjen att få vara del av en familj som faktiskt bjöd in honom att bli en del av oss. Han försökte istället splittra oss och lyckades i mångt och mycket, men kärnan i oss, att vi hör ihop det kunde han aldrig ta död på.

Kapitel 22

Tanken att komma till torsdagsträffarna, som var allt annat än en tjejmiddag med skratt och prat om gamla minnen. Nog för att vi pratade minnen men alla minnen var inte så glada. På något sätt kunde vi skratta åt oss själva och ibland även åt händelserna vi varit med om. När jag gick dit efter att jag frågat mina äldsta barn om de hade något minne av den händelsen som tryckt mig, så kände jag mig stolt att jag vågade fråga dem. Det var som jag klarat av en läxa och nu skulle tala om att jag genomfört det jag skulle. De hade i och för sig inte bett mig att göra den men det kändes bra att kunna tala om att jag vågade konfrontera en del av min skam och att skammen faktiskt hade släppt. Skam kan vara förödande. Skam kan få människor att göra många konstiga saker. Men i detta fall vågade jag fronta skammen och upptäcka att den bara fanns hos mig.

Kapitel 23

Vi skulle, som flera gånger tidigare, försöka sätta ord på en känsla. Denna gång var det vilken känsla som fick oss att få första tanken att vi fått nog, att bägaren rann över, något sa stopp. Vad det var som fick oss att släppa rädslan, skammen eller vad det nu var som fick oss att faktiskt bryta upp. Vad var det inom oss som fick känslan av att nu börjar jag inse att jag inte kan knäcka nöten av att försöka förstå eller varför jag ska utstå denna behandling. Vi fick sitta en stund och tänka och skriva ner olika samband som vi kunde finna som svar på frågan. Jag började berätta om en händelse som jag upplevde var det som fick bägaren att rinna över. Julen 2007 tog han vår dotter och stack till Thailand och lämnade mig ensam hemma. Mina två större barn avstod från en Åreresa med sin pappa för att de och jag blev nog chockade över att min man åkte till Thailand i två veckor trots vetskapen om att han lämnade mig ensam över jul. Anledningen till att vi inte åkte allihop var att han inte ville åka med mina äldre barn och jag kunde inte åka för jag tycker inte att man splittrar en familj över jul. Det kunde uppenbarligen han. Jag varken skrek eller gapade om att han inte fick åka. Jag bara talade om hur galet det var att bara köpa biljetter till honom och vår dotter och bara dra över jul med vetskapen om att han lämnade mig ensam. Jag till och med väckte honom då han var på väg att försova sig till planet. Någonstans minns jag det som att jag skulle få lugn och ro i två veckor. Vår dotter bara var 2,5 år och jag hoppades att hon inte hade så stor koll på vad som hände. Jag drog ner allt för mig själv då jag någonstans tillät honom att åka. Naturligtvis hade vi börjat bråkat jättemycket om resan, men när jag förstod att han faktiskt bara köpt resa till sig själv och vår dotter och att han faktiskt skulle åka så trodde jag först inte det var sant. Hur kunde han göra så? Obegripligt. Jag förklarade för gruppen de olika sambanden och händelserna som gjorde att julen 2007 blev en chockerande upplevelse för mig. Jag fick så mycket information om hans förehavanden utanför hemmet att jag mådde fysiskt illa. Jag har aldrig varken innan eller efter varit i ett sådant medvetet illa tillstånd som då jag fick bevis på hans svekfulla sätt mot mig som människa. Insikten om vad han var för person och hur han behandlat mig bakom min rygg kunde inte beskrivas rättvist med ord. Då jag sammanfattat allt lite kortfattat för gruppen, så sa en av kvinnorna att jag hade sådant flyt och sådan koll på händelserna. Jag hade sådan insikt i min berättelse att jag kunde förklara det så bra så de förstod och såg ett sammanhang. Ja hon skulle bara veta att jag pratade bra, summerade bra och hade insikt om vad som var rätt och fel. Jag såg det från en åskådarplats. Jag såg mig inte som en av huvudpersonerna. Jag är jävligt duktig på att distansera mig och förklara händelser. Jag analyserar och förklarar direkt på plats då jag pratar. Jag sitter inte innan och analyserar händelser, jag känner mig inte själv. Är det den okunskapen som gör att jag kan vara objektiv?

Jag såg händelsen men jag kände inte hela vägen och såg kanske inte min roll i det hela. Idag hade jag velat att jag agerat annorlunda. Men jag blev nöjd att gruppen verkade förstå mig i min berättelse, men jag kände mig fortfarande lika liten där inne. Då gruppens en och en halv timme hade gått, så hände det saker inom mig och det kändes bra. Jag åkte därifrån och lyssnade på ett radioprogram och programledarna pratade om att den ena köpt de nya gröna gymnastikskorna som de gjort reklam för över hela staden då det skulle springas maraton till helgen. Den andra programledaren undrade om han skulle springa, men han hade faktiskt köpt dem för de var snygga. Jag kommer inte ihåg om han skulle springa. Jag kände igen mig. Man klär sig i en roll man inte kan bemästra. Han köpte skor. Jag har andra försvar som ska se bra ut men hur känns det därinne? Håller man måttet för maraton eller sätter man bara på sig skorna och hoppas på det bästa. Eller improviserar man bara för stunden? Att något bra ska hjälpa en att klara av det man ska göra? Typ ett par skor. Vilka roller tar vi på oss för att lura oss själva och kanske även andra? Jag sätter inte på mig ett par gröna skor men jag sätter på mig en mask som ibland inte går att knyta av sig. Jag känner och kan förklara så det låter vettigt och i ärlighetens namn så går känslan in, men inte hela vägen. Insikten finns och jag kan prata om den och uppenbarligen uppfattas som förnuftig, men det som är så svårt är att få insikten och tron på sig själv till hundra procent. På ett så ärlig sätt att det går in, utan tvivel, i min egen medvetenhet, och inte bara som prat.

Som jag sagt många gånger så vet jag vad som är rätt och fel men att det också gäller mig själv och att stå upp för det mot mig själv är inte lätt. Det är rent ut sagt skitsvårt. På något sätt längtar jag faktiskt till nästa gång insikten kommer trots att det kanske blir genom en jobbig händelse. För varje gång insikten drabbar mig upptäcker jag att det ger mig någon sorts styrka att leva mer sanningsenligt mot mig själv och min omgivning.

Kapitel 24

Det är kanske fånigt att vara i grupp? Det jag kände och känner kanske inte var så farligt. Det är ju det som är lite galet, att vi är alldeles för många som lever i destruktiva förhållanden. Nu är vi några få av alla dessa som är samlade i en grupp som träffas och pratar om saker som kan jämföras på så sätt att vi varit med om ungefär samma saker. Det är inte fånigt, det betyder att det gör ont att bli behandlad illa, och det sätter spår och ärr i oss. Vi behöver stöd och hjälp av proffs och faktiskt av varandra för att kunna ventilera, skratta, gråta och för att få distans till vår egen delaktighet. Vi som under lång tid trodde det var vårt fel, i alla lägen. Jag kan med distans se att allt inte berodde på mig. Hans sätt att vara på hade han faktiskt ansvar för själv. Någonstans valde han att säga orden han sa. Gruppterapi är inte så dumt som jag trodde. Jag var inte ensam om att tänka som jag gjorde. Jag var inte ensam om att tycka som jag gjorde om mig själv. Jag var inte ensam om tankar och känslor. Vi var fem stycken som kände ungefär på samma sätt. Vi är många fler för det är inte bara vi som går och har gått på terapimöten. Det finns många som går och får hjälp att hitta styrka och inre kraft och få hjälp att faktiskt förstå att man har rätt att bli behandlad med respekt. Det är ingen självklarhet för alla. Sådant borde man prata med barn oftare om. Prata om barnkonventionen, barnombudsmannen, BRIS, Röda korset och andra organisationer som hjälper barn då de behöver stöd och hjälp. Barn har rätt att så tidigt som möjligt i livet få lära sig sina rättigheter och skyldigheter som barn och även som vuxna individer. Barn ska veta att de har rätt till sina åsikter och har rätt att utrycka dem och bli respekterade för vad de tycker och känner. Lär man sig det som barn hoppas jag att det sitter så starkt i ryggmärgen att de förstår att de har rätt att säga stopp om någon behandlar dem illa. Helst att barn lär sig att man inte ska behandla någon illa. Tyvärr så lever inte människor, oavsett ålder, på vår jord på ett sätt som jag önskar. Alla får inte den trygghet som vi alla förtjänar. Men jag kan börja här och nu och göra det jag kan där jag är. Jag pratar i mitt jobb med barn om detta för jag vill att det ska fastna i deras medvetande att respekt har de rätt till. De ska aldrig behöva tvivla på sina känslor om de känner någon gång att de vid något tillfälle behandlas med brist på respekt. De ska alltid veta att det finns hjälp att få och att de har rätt till hjälp, oavsett ålder. Tänk om alla visste från det att man är liten att alla är lika mycket värda. Att alla förtjänar respekt. Både vuxna och barn har rätt till egna tankar och åsikter. Att man inte är feg utan stark om man ber om hjälp. Alla ska lära sig var hjälpen finns. Det gäller ibland att ta hjälp och ibland att ge hjälp. Alla ska känna att de är ok.

Kapitel 25

Och så träffades vi igen, min lilla tjejgrupp och jag så här näst sista gången innan sommaren. Vi fortsatte med våra funderingar om vad det kunde vara som förändrade oss till att det började växa en liten stig till vår väg ut och insikten att vi inte ville leva som vi gjorde. Känslan som kom var att det fick finnas ett slut och att öppningen till det var inte samma liv som vi levde. Det liv som gjorde oss små, ledsna och förtvivlade. Jag upplevde att vi hade mycket gemensamt i de liv vi haft. Våra tankar om oss själva och gentemot andra var skrämmande lika. För varje träff kom jag på att våra upplevelser om det som varit var varit skrämmande lika. Våra tankar om när vi tidigare pratade med andra i vår omgivning och berättade en händelse som vi inte ens tyckte var konstig så kunde den person man hade framför sig, höja på ögon brynen och säga förvånat: Så kan man väl inte göra? Sa han så?

Alla vi blev i sådana situationen mer förvånade över reaktionen vi fick mer än själva handlingen vi blivit utsatta för. Tänk att vi allihop hade fiskat efter åsikter av andra i vår omgivning för att vi själva inte trodde på vår egen känsla att vi blivit behandlade felaktigt. Vi tvivlade så mycket på oss själva att vi inte visste vad som var rätt eller fel. Vi trodde att det var fel på oss. Vi la ut trådar av meningar för att se hur andra skulle reagera. Vi sa inte att det gällde oss personligen utan något vi hört eller läst. Alla reaktioner visade på att den handlingen eller beteendet inte var ok. Det gjorde mig förvirrad. Det gjorde de andra förvirrade också. Detta beteende att "fiska" efter hur saker var och om det var ok, var likadant för oss allihop. Det gjorde att jag iallafall fick en medvetenhet i vad som hände. Det var skrämmande att bli medveten om de problem som fanns men också så började några förstå att det inte stod rätt till med mig. Det gav mig ett ansvar att förändra. Det var ångestfyllt då jag började se att även barnen blev påverkade något som jag inte sett tidigare. Det latenta våldet kom som en örfil igen. Det latenta våldet är skrämmande i sin verklighet och det påverkar inte bara den som blir drabbad. Jag agerade och verkligen trodde på saker som var befängda och jag handlade därefter på grund av det. Naturligtvis påverkade det min omgivning också. Det gav mig en spark i rumpan att behöva förändra, men också en rädsla att fortsätta söka andras reaktioner då mitt liv krävde en förändring och jag hade ansvar för att förändra. Ingen skulle göra det åt mig, ingen skulle få honom att sluta vara elak, jag hade inte den makten heller. Men att höra och förstå att det han gjorde inte var respektfullt gav mig också ett ansvar att ta tand om det. För vem respekterade jag annars? Inte mig själv i alla fall. Det som var upplysande i dessa gruppträffar var bland annat att jag fick en förklaring på mitt agerande och ord på handlingar av olika saker som jag kanske inte ens funderat på. Många ahaupplevelser blev det då vi hade våra terapi-träffar. Ahaupplevelserna tror jag att jag fick då jag kunde relatera och känna igen saker. Jag kunde jämföra mig med en situation som jag då den hände inte riktigt förstod. Men då vi pratade om olika händelser så gick det faktiskt upp ett ljus att vi varit med om det men att då det hände inte var tydligt. När förståelsen kom och jag kunde se min egen handling och förstod saker var det befriande, men det gav också ett stort ansvar till förändring. Terapi är inte bara då vi var där och fick vår sittning enskilt eller i grupp. Terapin fortsatte hela tiden på olika sätt och på olika nivåer i vårt medvetande. En tid efteråt så vet jag att all terapi som jag åtagit mig i vuxen ålder har påverkat mig i positiv bemärkelse och jag har lärt mig tillhandahålla olika verktyg för att fortsätta vara ärligt mot mig själv. Är jag inte ärlig och sann mot mig själv, tror jag inte jag kan vara ärlig mot någon annan heller. Att vara egoistisk är negativt laddat för många men om du inte sätter dig själv först hur ska du då kunna vara en god medmänniska?

Ämne, åsikter
Intresse eller avstånd
Rädsla och mod
Hand, hand, kärlek

Kapitel 26

Gruppen sågs en helt vanlig dag i juni i Sverige. Det var lite varmt och regnet hängde i luften så jag kände mig lagom klibbig. Jag gick in och kände mig på något sätt sammanknuten till en grupp som jag från början bara trodde var för andra. Det kändes bra och hemkärt på något sätt. Tänk vad det förändrats på bara några månader. Det skulle bli ett avbrott pga sommarlov. Vi skulle fortsätta efter sommaren och det gav mig känslan att jag var någon. Trevlig känsla faktiskt. Jag som ogillat att vara med i en grupp och vara någon.   Jag hade berättat och lyssnat. Jag hade blivit en del av något. En märklig känsla men också en trygg känsla då jag inte behövde bära mina omedvetna funderingar för mig själv. Jag kunde spara mina upplevelser, trycka på stopp ett tag tills vi skulle ses igen. Det var tryggt att kunna prata om saker då jag blev förstådd. Få perspektiv på att jag inte agerat helt galet, få en förståelse för varför jag just då inte agerade mer än jag gjorde. Tack vare den förståelsen var det en liten tyngd av skuld som försvann och det var befriande.

Vi hade precis som tidigare en fråga vi skulle fundera på och gå igenom tillsammans, och denna gång var frågan om vad det var som fick oss att agera. Den äldre av oss var egentligen bara några år äldre och hennes historia var något som hon burit på under flera år. Hon hade inte sagt något till någon. Hon levde och lärde sig genom hennes äktenskap om hur hon skulle göra för att vardagen skulle fungera lättast. Hon parerade och skapade egna strategier för överlevnad. Inte bara på att överleva fysiskt utan även psykiskt. Precis som vi andra i vår lilla klan. Hon höll ut i över två decennier. Hennes överlevnadsinstinkter håller sig kvar än trots att skilsmässan var många år tillbaka i tiden. Då kan jag förstå hur starkt dessa felaktiga handlingar påverkar oss människor. När vi blir behandlad med bristande respekt i kombination med vår egen rädsla får vi olika försvarsmekanismer som vi använder oss av för att klara oss så hela som möjligt ur situationen. Alla dessa försvarsmekanismer vi haft för att överleva påverkar oss många år efteråt, kanske resten av våra liv. Dessa möten vi hade på torsdagarna visade att jag behövde hjälp och stöd i detta då jag tvivlade så starkt på mitt eget omdöme och kärleken till mig själv. Jag är misstänksam mot min egen styrka, jag misstror min magkänsla. Att leva under detta förtryck i allt från ett halvt år till över 20 år visade, under den handledning vi hade, att det påverkar en människa så djupt att det aldrig går ur sinnet eller vår själ. Vi kan lära om, alla kan lära om till att få nya verktyg att leva med. Nya strategier och nya mål. Få tillbaka tron på oss själva och faktiskt tro på det. Den äldre kvinnan berättade att hon en dag, flera år efter hon var fri. Hon hade av en händelse blivit så arg, att hon åkt till affären och köpt sig en motorsåg. Mannen i affären hade frågat vad hon skulle såga och vilken typ av såg hon behövde och om hon behövde något annat. Hon berättade också att hon var försiktig då hon inte riktigt kunde svara men att han såg nog glansen av hat i hennes ögon. Hon gick därifrån med en mindre variant än vad ändamålet i hennes raseri var tänkt för men vad fan tänkte hon, det fick duga. Hon satte sig i bilen och undrade om hon inte var riktigt riktig. Log lite för sig själv och undrade om man såg på henne vad hon tänkte om målet med inhandlingen av motorsågen och förstod säljarens ängslan av att en medelålders kvinna kom in och handlade en motorsåg med annat än harmoni i sin utstrålning. Då fick väl en mindre variant av motorsåg duga. När hon kom hem gick hon ut direkt på tomten och skövlade allt i växtlighet hon kom över. Träd, buskar, blommor låg som småflis över hela tomten. Efter en lång stund och ingen bensin kvar i motorsågen såg hon sig omkring. Herre gud! Jösses! tänkte hon då hon av svett, muskelvärk och känslan av total ledbrutenhet att hatet var just då som bortblåst. Fast målet för denna motorsågsmassaker var inte ens i närheten. Hon var helt slut men glad och upprymd. Fan, hon hade i alla fall skapat kvällssol till sig själv, och grannarna med, för den delen. Då hon stod och tittade på allt som hon åstadkommit, svettig, andfådd och med ett litet leende så tittade hon upp och upptäckte att en granne stod och tittade på henne med fasa och skräck, som om han sett en galning gå lös. En kvinna med motorsåg som den senaste timmen skrikit, gråtit och svettats. Han som undrat om han skulle ringa någon, men han hade bara stått paralyserad av skådespelet. Efter det gick över på andra sidan gatan de gånger de möttes men hälsade alltid väldigt artigt.

Då vi hittar handlingar helt spontant och med ett infall utan någon genomtänkt tanke och utan syfte så slutar det ibland med att handlingen frigör mycket känslor som vi behöver bli av med. Dessa osynliga ryggsäckar med känslor som vi har på våra ryggar, som tynger våra sinnen och vår klarsynthet måste få utlopp. Man måste få avreagera sig på något för att göra sig själv fri. Oavsett om det är att skriva, springa, meditera eller varför inte gå bärsärkagång i sin egen trädgård med en liten motorsåg så känns det bra efteråt. Go girl. Vi måste bli av med det som inte tillhör oss och på vilket sätt spelar kanske inte någon roll bara det är med kärlek mot oss själva. Hon avslutade sin berättelse med glimten i ögat och sa att vi kunde låna motorsågen när vi ville om vi kände behov. Hon själv hade inget mer att såga ner. Vi skrattade gott åt hennes sinnesstämning som hon kände efteråt. Det lyste i hennes ögon av minnet trots att det skett för flera år sedan.

Kapitel 27

Att bli av med saker vi har i våra osynliga ryggsäckar är befriande. Det går att slänga bort saker man burit på i flera år, man måste bara våga känna och konfrontera rädslorna. Det är faktiskt ok att känna t.ex. ilska eller rädsla. Kanske tillåta sig skrika eller gråta eller till och med kanske skratta åt händelser. Vi, tillsammans, gjorde detta och det läkte oss mer än vad jag i denna stund kanske förstår helt fullt ut. Efter träffarna med dessa kvinnor, som var så olika mig, men ändå så lika blev jag starkare för varje gång. Vi är människor och våra behov är enkla. Vi vill känna oss älskade och respekterade. Vi vill växa upp och leva under trygga och säkra förhållanden. Vi vill leva våra liv i trygghet och föra över kärlek till oss själva och andra. Det som vi i gruppen beskrev på något sätt var att vi vågade ta steget att gå för vi ville vara förebilder för våra barn. Rädslan över att de skulle lära av våra handlingar så de normaliserade beteendet vi levde under och kanske skulle få det likadant. Vi ville alla visa våra barn att bli behandlad och må så dåligt som vi gjort och i viss mån gör men under mer kontrollerade former i och med att vi alla skilt oss från dessa män. Det är inte ok att leva ett sådant liv. Vi respekterade oss själva så vi hittade kraften att säga stopp och gå därifrån trots rädsla och ovisshet om hur det skulle gå. Vi visade våra barn att vi måste stå upp för oss själva och lyssna och agera då det inte känns bra. Lämna ett förhållande om det inte finns respekt. Jag hoppas att jag visade mina barn att leva under sådana förhållanden som jag gjorde och hur det fick mig att bli en liten plutt var inte ok. Jag vill aldrig att de ska behöva uppleva det jag upplevt. Jag hoppas att de lyssnar på sin magkänsla, står upp för sig själva och att kärlek och respekt i deras liv ska vara självklart.

Kapitel 28

I vår speciella grupp var vi handledda av två kärleksfulla människor, som arbetar med att hjälpa sådana som vi, vad det nu ska betyda? Men sådana som vi var uppenbarligen några som inte i alla lägen kunde stå upp för oss själva. De handledde oss, vår lilla torsdagsgrupp, och vi lyssnade och tog in instruktionerna för dagens uppgift, samt vad vi skulle reflektera över just den gången. De lät oss prata, de petade in frågor som: Hur tänkte du då? Hur kändes det då?

Vi började med att välja en siffra som vi gjorde alla gånger vi sågs. Efter vi valt en siffra fick vi kortfattat beskriva varför vi valt just det. Vi skulle sedan beskriva dagens status och/eller summera in vårt hälsotillstånd under den senaste perioden. Vi avslutade sedan med att ge varandra reflektioner utifrån hur vi upplevt vad någon berättade. Den feedbacken var alltid bra och vi berömde varandra mycket för att vi var så ärliga och modiga att dela med oss av våra känslor och tankar. Ibland kunde det vara jobbigt att blotta sig, men så här efter alla träffar vi haft så kan jag se vad detta har varit bra för. Hur mycket det faktiskt har stärkt mig i relation till vad som hänt och varit. Min egen skuld jag känt minskade. Ibland har det känts som att jag har gått med förbundna ögon utan blindkäpp samtidigt som jag dramatiskt sökt efter något för att få en sorts livlina att klara dagen med. Reflektionerna vi gav varandra gav mig olika verktyg att förändra mina tankar om hur det varit och varför. Hur jag såg på mig själv och mitt eget ansvar till förändring just då, för just då kunde jag inte göra något, men nu kan jag. Alla genomgångar vi haft i terapin har gett mig förklaringar till varför jag agerat som jag gjort och dessa förklaringar, all denna förståelse, har gjort att jag kunnat släppa lite på min skam. Varför jag agerat som jag gjort, och varför det tog sådan tid innan jag gjorde någon förändring.

Kapitel 29

Det traumatiska bandet, enligt ATV, handlar om många olika saker som kan förklara varför man agerar som man gör:

<u>Känslomässiga band</u>

Kärlek, rädsla, hat, medlidande, skuld och hopp.

<u>Sammansatta band</u>

Viljan att förstå mannen, beroende, internalisering.

<u>Normalisering</u>

Den process i vilket våld blir ett normalt drag i vardagen och som leder fram till att våld accepteras och försvaras.

Kontroll och isolering. Känslomässig dominans mellan våld och värme. Goda stunder upplevs starkare, gränsen mellan gott och ont luckras upp, anpassning/överlevnad, våldet internaliseras, våldsutövarens föreställning om våldets orsak, skuld/skam, gradvis gränsförskjutning och betydelsen av våldet omtolkas. Det jag först inte tyckte hörde in var internaliseringen, men då vi pratade om det så förstod inte bara jag att internaliseringen var en av de saker som skadat oss mest. Det var en av anledningarna till att vi satt där vi satt. Vi tvivlade på oss själva. Vi letade förklaringar som skulle förklara och samtidigt få oss att förstå hur de kunde bete sig som de gjort. Jag vill inte tro på att någon är elak av naturen, men ibland kan jag tvivla. Jag letade så många gånger för att hitta förklaringar till hans beteende att jag tillslut trodde på honom och tyckte att jag själv var konstig som ens hade funderat att det var fel någonstans. Jag försvarade hans handlingar för mig själv och gav mig själv skulden. För visst hade jag ett eget ansvar för mig och mitt liv?

Tolererade jag någonstans och/eller accepterade jag hans handlingar mot mig då jag inte gick därifrån eller när jag inte sa ifrån tillräckligt? Kanske, just då köpte jag läget. Men jag accepterade det inte. Inte inne i min kropp men utåt sett köpte jag vartenda dugg. Men som jag sagt tidigare är normaliseringen en jäkla fälla som man lätt kan hamna i för man vill inte tro och man vill inte förstå att någon faktiskt kan vara elak av naturen. Det är lättare att skylla på sig själv. Att jag själv naturligtvis måste ha missuppfattat hela situationen, även fast situationen upprepade sig utan direkta mönster eller regler. De ändrades med tiden.

Men som i mitt fall och som i så många andra fall, tror vi i slutänden att det var vårt fel i alla fall. Det var inte underligt att jag var förvirrad och kluven. Det var lättare att skylla på sig själv än att se att den man jag hade framför mig gjorde något fel då han med stor övertygelse sa att i slutänden var det mitt fel i alla fall. Hur han är vred och vände på det. Det tokiga var att jag till slut tyckte det lät vettigt. Jag blev stressad och på min vakt för jag visste inte hur jag skulle bete mig för att inte få alla tillrättavisningar. Mina tankar kretsade ständigt kring att förhindra situationer på ett sätt så att han skulle vara nöjd och tillfreds. För jag ville inte vara orsak till att saker var fel på grund av hur jag gjorde fel. Den stressen var vardag, och den stressen kallas *"Det latenta våldet"*

Kapitel 30

Det psykiska våldet är svårt att uppmärksamma. Jag tror det beror på att det inte syns lika tydligt som blåmärken. Då är det lättare att det ligger dolt för alla, även för den som är utsatt. Det psykiska våldet är kontrollerande beteende, kränkande och nedsättande ord, verbala angrepp på kvinnan som person, kvinna, mamma eller angrepp på hennes utseende, vänner och familj. Det innefattar också allt materiellt och ekonomi. Glöm inte att det drabbar även barn och andra familjemedlemmar samt personer i omgivningen. Det var så sent som 1998 som grov kvinnofridskränkning infördes i brottsbalken och 2007, 5 kap 11 paragrafen skärptes Socialtjänstlagen gällande ansvaret för kvinnor och barn som bevittnar våld. 2008 startades i södra Kalmar ATV- Alternativ Till Våld, som är den organisation där jag och min grupp befann oss på våra torsdagsträffar, fast inte i Kalmar. Våld är farligt, och våld är straffbart. Ansvaret är hos den som utövar våldet, inte hos den som blir utsatt. Under terapitimmarna använde vi oss av bland annat ett så kallat "Makt och kontrollhjul" för att förstå olika delar av de handlingar vi blev utsatta för.

Det var svårt att begripa att det vi trodde på inte riktigt var sanningen.

Makt och kontrollhjulet visar olika delar av hur det kan se ut i livet och vardagen och förklaringen går runt i ett mönster som har *makt* och *kontroll* i mitten som själva kärnan. Runt om är det skräck, sårade känslor, isolering, förebråelse, förminskning, förnekelse, använder barnen, manlig dominans, ekonomisk kontroll, tvång och hot. Våra ledsagare, herr och fru ATV, guidade oss varje torsdag. De var och är fantastiska. De ledde oss till att bli trygga med varandra. Till att förstå att det inte var fel på oss eller vårt sätt att vara som gjorde att vi hamnade i relationer som satt oss i en sådan situation att vi hamnat på ATV. Tack för att det finns sådana platser. Tack för att hon på familjerätten förstod att de just då inte kunde hjälpa mig utan hon sände mig till ATV. Psykisk misshandel är så dolt, knappt så jag visste om det själv. Med tiden normaliserade jag mitt liv. Jag blev inte medveten om vad som var vardag och vad som var rätt och fel. Jag mådde dåligt och var stressad men jag kunde inte alltid sätta fingret på vad det var. Den psykiska misshandeln kom inte med blåmärken som syntes. Den gav ingenting att fotografera vid ett besök hos doktorn då jag gick dit för stressymptom. Vilken doktor frågar hur det är hemma, hur ens liv ser ut, förekommer det misshandel?

Jag tror vi måste vakna i samhället för dessa problem, dessa problem som kanske inte syns. Vi måste våga prata om saker som inte känns bra, våga själva ta kontakt och få hjälp, prata med vänner. Du gör inte fel om du ber om hjälp eller råd. Du visar att du bryr dig om dig själv och ditt liv och du SKA behandlas med respekt, alltid i alla lägen. Våga säga stopp och nej. Jag vet också att säga stopp och nej är inte lätt. Jag gjorde det många gånger man ingen lyssnade. Vad gjorde jag då? Jag lät tiden gå tills det rann över och jag skilde mig. Efter många turer hamnade jag på ATV och fick stöd, hjälp och styrka att förstå att jag är bra som jag är och det var inte mitt fel att jag blev utsatt. Det är inte fel på mig, jag är inte dålig och jag är inte värdelös.

Tack ATV och framför allt tack till herr och fru ATV. Jag kallar dem det men de var inte gifta, de var arbetskollegor som gör ett fantastiskt jobb tillsammans.

Kapitel 31

Av allt detta finns det säkert många förklaringar som till det mesta som händer i livet. Vi söker förklaringar för att kanske förstå. Förstå vår egen inblandning i våra egna liv. Vi letar efter ursäkter för andra men ibland kanske mest för vårt eget handlande eller icke agerande. Jag tror vi människor försöker hitta dessa förklaringar för att vi behöver dem. För att antingen fortsätta på samma sätt eller ha dem för att förändra. Ha något att skylla på eller falla tillbaka på. Jag kan vara rätt hopplös då det gäller att analysera saker så jag ska förstå. Sen kan jag i alla fall komma till insikt när jag förstår som minst eller slutat orka förstå. För då jag tänker och anstränger mig blir jag inte speciellt klarsynt. För det är när jag slutar lägga energi på det och bara accepterar fakta och är här och nu som polletten kan trilla ner. Jag kan inte förändra och förstå allt. Det är det jag behöver förstå för att acceptera att saker sker kanske ibland utan att jag ska förstå precis här och nu. Insikten kanske kommer senare eller inte alls. Men det har fyllt ett syfte och jag har fått ett minne, en historia att kalla min erfarenhet. Bara av det har jag lärt mig något.

Kapitel 32

Nu var det sommarlov och även för oss kvinnor i vår grupp. Att förlika mig med sommarlov var som att gå tillbaka i tiden då jag gick i skolan. Med de förväntningar jag hade inför sommarlovet, att allt skulle bli soligt och roligt och jag skulle komma tillbaka med en massa roliga minnen att berätta för klasskamraterna. Ställde jag de kraven på mig själv att jag skulle leverera något spännande och händelserikt? Var jag förväntansfull över vad som skulle hända med oss under denna sommar? Det kändes som om jag skulle bli granskad om och hur det hade varit då vi skulle ses igen efter sommaruppehållet. Det fick mig att bli mer vaksam mot hur jag agerade mot mitt ex för jag ville inte komma tillbaka efter sommaren och inte få bevis på att dessa träffar hade lärt mig något. Denna vaksamhet kändes bra, jag hade träffarna i ryggen och de gav mig styrka. Men vilka slutsatser hade jag kommit fram till och vilka nya insikter skulle jag finna under sommarsolen? Kunde sommaren bli grå och trist? Ja det kunde den, men inte min, det tänkte jag inte tillåta.

I och för sig så hade jag fått bakslag på min deklaration så att få pengar innan midsommar som de flesta, kunde jag glömma. Det var bara att vänta till augusti, fast jag gärna hade haft de pengarna typ nu. Jag fick hjälp av mitt mattesnille till syster då vi deklarerade men att snacka om andra saker och ett glas vin så blev decimalkommat fel, väldigt fel. Jag blev uppringd av skatteverket och fick förklara mig i telefon och senare även per mail varför jag hävdade bilavdragen på 122,833 kronor då skatteverket fick fram 12,340 kronor, alltså 110,493 för mycket. Så vad fan hände? Många turer fram och tillbaka, och jag satt och höll tummarna att jag skulle få de pengar jag skattat för redan. Jag drog 50% på mitt extraarbete för att jag inte skulle bli återbetalningsskyldig. Det kändes som att vara lite ledig denna sommar inte skulle gå så bra. Men trist och grå det vägrade jag att den skulle bli. Pengar verkar förnimmas men då de verkar vara inom räckhåll så försvinner de som i kvicksand. Jag tror inte att pengar och jag kommer bli nära vänner. Hur jag än gör, jobbar och sliter. Så fort det verkar komma en liten extra peng så händer det något så de aldrig kommer in på kontot som det står sparkonto på. Det enda som finns där är nollor och tyvärr ingen annan siffra innan.

Jag ställde mig som vanligt på gymmet och skulle träna så som jag gör då jag känner att livet springer och jag inte kan hinna ifatt händelser. Jag kunde inte tänka klart och jag började känna mig stressad. Jag tog en tidning och ställde mig på trappmaskinen. Jag hade greppat en "Tara" tidning och började bläddra och trampa. I en artikel stod det om en kvinna som beundrade människor som i mogen ålder förändrade sina liv till de drömmar de haft. Sålde allt de hade och flyttade utomlands. Sa upp sig från ett bra arbete till ett arbete med helt andra förutsättningar förutom att de försökte genomföra en dröm. Det stod också att personen i fråga såg upp till dem som bytte ner sig i standard för att ha tid att leva mer spontant och inte ha så många måsten att de inte hade tid att tänka spontana tankar. Det fastnade jag för, det kunde jag också. Jag tänkte att jag måste förändra. Min första tanke på något som tog mycket av lönen var bostaden, jag måste bo billigare. Jag ringde en mäklarvän och bestämde att jag skulle sälja mitt hus. Det fick bära eller brista. Barnen undrade först om jag hade blivit tokig då jag inte hade någonstans att flytta. Jag visste inte ens om eller när jag skulle lyckas sälja och jag skulle i så fall behövde ta nya lån om jag ens fick lånelöfte. Jag hade en prick på mig från mitt avslut med min exman och hans agerande med de leasingbilar han hade. Men det är en helt annan historia. Jag skulle förhoppningsvis sälja, med vetskapen att jag kanske inte skulle få nya lån. Vilket i sin tur kunde leda till att jag inte skulle få nytt lån för ny bostad. Det var egentligen inga problem visade det sig. Var jag galen som skulle sälja ett fint radhus som jag klarade av ekonomiskt. Men jag hade för lite fritid och det började jag bli trött på. Jag vill leva här och nu, inte bara jobba för att bo. Nej! Nu skulle här säljas hus, det fick bli vad det blev. Sommar skulle det bli oavsett vad. Månaderna skulle gå och snart skulle vi ses på våra torsdagar igen. Jag längtade faktiskt dit för då hade jag förhoppningsvis mer svar än vad jag hade just nu.

Kapitel 33

Vi var som sagt jag, och den äldre jag nyss berättat om och så tjejen som hade grabbar med aktiviteter som knyppling, innebandy, fotboll, ridning, tennis, balett, bordtennis, schack eller egentligen spelade det ingen roll vad det var för aktiviteter de gjorde. För det är inte aktiviteten i sig som var av intresse för hennes berättelse. Jag kallar henne "idrottsmamman".

Idrottsmamman funderade på hur barnens lag skulle ledas och av vem. Idrottsmamman var nämligen en av uppstartarna till att bilda laget. Hon hade lagt ner mycket tid med att fixa och trixa med lagindelning, träningstider och allt vad det innebar att hand om en sportaktivitet. Idrottsmammans ex ville också vara delaktig. Men hur gör man i det läget då man som föräldrar inte kommer överens och man som i detta fall inte vet om mannen visar intresse för barnens aktiviteter eller för att fortfarande ha kontroll och insikt i idrottsmammans liv. Att fortfarande ha möjlighet att kommentera, lägga sig i och ta en massa energi. Gjorde han det för att han av intresse ville vara delaktig eller gjorde han det för att ha kontroll?

När man kommer i konflikt med sådana personligheter som våra exmän var så är det ibland lättast att backa och ge upp. För vi nådde inte fram, hur vi än vred och vände på det så blev det fel eller rent ut sagt en omöjlighet att kommunicera på ett normalt sätt. Generellt är det svårt att samarbeta när man är i en vårdnadstvist. Är en av parterna rädd på grund av våld är det oklart om samarbetet är helhjärtat med tanke på föräldrarnas historia tillsammans och det våld som funnits och som kanske även finns fortfarande. Har kvinnan som i detta fall svårt att samarbeta för hon var helt slut psykiskt av latent våld och samtidigt så rädd att domen i vårdnadstvisten skulle bli till kvinnas nackdel. Då måste hon samarbeta med mannen tillsynes på ett respektfullt och tillmötesgående sätt så inte domen i vårdnadstvisten blir till fördel för mannen som även kan ha varit misshandlande även mot barnen och inte bara mot kvinnan. Barnen kommer alltid i kläm och det var för barnen skull som idrottsmamman bet ihop och samarbetade så gott hon kunde fast det kunde bli förödande för henne själv och då även barnen. Är man inte villig att samarbeta för att man själv är helt slut så kan det spela stor roll i domstolsbeslutet. Den som samarbetar bäst är den som vinner. Hur skulle idrottsmamman göra? Skulle hon vara lagledare till följd att möta exmaken varje träning? Skulle hon hoppa av det hon startat för att hon inte orkade möta sin exman var och varannan dag? Hur hon än valde skulle det värderas i rätten hur lätt hon hade att samarbeta. Hur ska man vrida och vända på allt för att det ska bli rätt. Hade hon stannat kvar som tränare i laget där även exmaken hade ett intresse hade det visat sig i vårdnadstvisten att de kunde ses och komma överens. Vilket de egentligen inte kunde. Avsa hon sig sin roll så svek hon barnen. Skulle hon vara kvar och behöva träffa sin exmake flera gånger i veckan. Han skulle få uppsikt över henne och hon skulle hela tiden bli påmind om hans sätt att agera mot henne och hur det hade varit och var. Det skulle skapa negativa energier då de sågs och hon skulle må dåligt av att konfronteras med honom mer än nödvändigt. Hur hon än skulle göra så skulle det bli fel. Hur hon agerade skulle vägas i domstolen. Hennes agerande och medgörlighet och hennes åsikter var kluvna. Vad gör man i en situation man vill vara i, men man orkar inte på grund av de yttre faktorerna som i detta fall är exmaken. Hon var synad som kvinna, som mamma och som exfru samt synad i sin relation till exmaken och deras relation till barnen gemensamt samt enskilt. Att vara i en vårdnadstvist är en situation då du granskas med lupp. Du granskas och döms av människor som ska besluta över dig och dina barns öde. Vilka minnen får barnen av sin uppväxt? Vilka konsekvenser blir det av domen som domstolen beslutat när föräldrarna sagt sitt. Man får avstå från sina egna behov och rädslor för barnens bästa. Vilket jag gjorde mer än gärna. Men att behöva konfronteras med någon som inte agerar respektfullt eller med de gemensamma barnens intresse först. Jag hade att göra med en person som också uppträdde med respektlöshet och illvilja när ingen såg på. Det är energikrävande, och en omöjlig situation att påvisa då personen i fråga är så insmickrande då det behövs och myndigheter går på det mesta. Precis som idrottsmamman, och vi andra också för den delen, så lurades vi att tro på dem och inte på oss själva. Det resulterade i att vi var i den här situationen.

Den makten slogs hon mot då hon krävde rätten till sina barn. Samarbetet är viktigare än att fråga barnen vad de vill. Vågar inte myndigheter lyssna och tro på vad barnen säger? Har myndigheter inte kunskap om att barn gör allt för att skydda sina föräldrar mot allt och alla även mamma mot pappa och tvärt om. Barn är lojala och i en sådan här maktsituation blir barnen så påverkade att det är skadligt. Barnen skulle behöva professionell hjälp. Alla som går igenom vårdnadstvister och har samarbetsproblem som myndigheter är involverade i så tycker jag att barnen ska få obligatorisk hjälp. Tyvärr så måste båda föräldrar godkänna detta om det inte är så allvarligt att socialtjänsten tar mandat på ett beslut att tillåta barnen att få hjälp ändå. Jag har hört skräckhistorier om hur det ser ut bakom dessa tvister, hur män i vissa fall är tyranner bakom kulisserna av samarbetet de försöker visa upp. Det finns många barn som blir utfrågade om hur det varit i veckan de har varit hos den andra, vem mamma/pappa träffat eller vad de gjort exakt veckan som varit. Frågorna kan vara oändliga och de är inte av intresse utan av kontrollbehov. Dessa frågor vet jag i min profession att barn ogillar starkt, de vill INTE vara budbärare eller spion, som ett barn sagt. Ja! idrottsmamman hade mycket att stå i första tiden på sommaruppehållet. Någonstans skulle hon hitta styrkan att göra rätt för barnen, någonstans skulle hon göra rätt inför domstolsförhandlingarnas beslut, någonstans skulle hon överleva mötena med exmaken, någonstans skulle hon påminnas att andas, någonstans skulle hon komma ihåg att hon fanns själv.

Kapitel 34

Min första vecka på sommarlovet innebar jobb och åter jobb. Jag som hade planerat att vara ledig mer denna sommar men med tanke på skattepengar som inte kom så fick det bli som det blev med ledigheten. Fördelen var att det var roligt att jobba och träffa underbara arbetskollegor. Jag är lyckligt lottad i livet som har turen att stormtrivas i de två arbeten jag har. Jag skulle inte kunna välja bort något av dem då de ger mig mycket. Skolbarnen är så roliga, spontana och ger mycket i den roll jag har som skolsköterska. Som sjuksköterska i ambulansverksamheten har jag många fina kollegor som är fantastiskt duktiga på sitt jobb och det är en ära att jobba med dem då jag fortfarande efter så många år tycker det är roligt att åka på alla möjliga uppdrag. Min första lediga vecka med min yngsta dotter skedde på ett ridläger hos en väninna som driver ett ponnystall. Herre gud, om jag jobbar så JOBBAR hon. Imponerad blev jag av denna kvinna som driver rid verksamhet hela året runt med både ridläger på helger och lov samt hade cafeteria till sen kväll. Sedan allt kontorsjobb varje kväll, varje dag. Jag var där i fem dagar och blev köksa.

Jag lagade frukost, städade, bakade, gjorde lunch, mellanmål, åkte och badade och sedan middag för att sedan påbörja kvällsfika till GÅ OCH LÄGG ER, fixa disken, sova och sedan samma visa igen. Det var fantastiskt roligt att kunna vara delaktig i min dotters och andra barns glädje att få vara på läger, och samtidigt mellan varven umgås med min väninna. Jag kommer ihåg när jag själv var på ridläger och sov borta. Det var så roligt. Nu fick jag se den andra sidan och vilket jobb det var. Jag lyfter på hatten och bugar mig för er alla som driver alla dessa lägerverksamheter för alla våra barn så att de får minnen för livet. På väg hem i bilen satt min dotter och jag och pratade om allt som hänt de senaste fem dagarna och hur roligt det varit. Sån kvalitetstid är härlig och vi längtade hem till duschen, myskläder och te i soffan. Bara hon och jag, för att sedan få sova i våra egna sängar. Vi kom hem till mycket post i brevlådan, ett brev från skattemyndigheten och ett från försäkringskassan och en hel del reklam. Reklamen åkte i påsen för att fungera som underlag till vårt hus till marsvinen. Skattemyndigheten, hm, vad ville de? Jo, de ville bara tala om att genom att jag räknat fel och att felet måste vara uppenbart i deklarationen eller i ett annat fältmeddelande som inte var muntligt, måste jag betala en straffavgift som de kallade skattetillägg på 40 %. Det var ju fan uppenbart att jag räknat fel eller egentligen var det fel på ett kommatecken. Men att slåss mot skatteverket och vinna, då tror jag det är lättare att gå på vatten. Nästa brev kom från försäkringskassan som meddelade att min exman hävdade att vår dotter inte bodde hos mig och jag hade rätt att bevisa motsatsen inom en relativt kort period då försäkringskassan nu skulle utreda vem som hade rätt till barnbidraget som låg till grund för min exmans lögner. Ja, det var en rogivande hemkomst vill jag lova. Jag trodde jag skulle få tillbaka en hel del tusenlappar då jag dragit 50 % i skatt på ambulansjobbet som är mitt extrajobb så jag skulle få en liten peng över till sommaren. Men så blev visst inte fallet. Nu såg det ut som jag inte skulle få semester alls utan måste jobba dygnet runt. Sedan var det att bevisa att min dotter bodde halvtid hos mig. Det fick mig att fundera på hur kunde han bara hävda att vårt barn bara bodde hos honom till försäkringskassan? Varför måste bara jag bevisa motsatsen? Varför behövde inte han bevisa att han talade sanning?

Jo för att vårt barn var mantalsskriven hos honom på grund av att jag blev tvingad av honom att skriva på det papper om var vår dotter skulle vara mantalsskriven innan vi flyttade från vårt gemensamma hus eller som det visade sig, hans hus. Men då hade jag inget val, mitt namn kom inte på pappret frivilligt. Jag kontaktade skattemyndigheterna med en egen flyttningsanmälan på mig och vår dotter då jag visste att en utredning var tvungen att göras då det skulle finnas två anmälningar på var hon skulle vara mantalsskriven. Det ringde en kvinna från skatteverket till mig och undrade varför det fanns två flyttningsanmälningar och olika adresser. Jag förklarade hur det låg till och att jag skickat in en till i samma veva då jag visste att de var tvungna att utreda var barnet skulle mantalsskrivas. På det papper som fanns med båda våra namnteckningar var min underskrift gjord under tvång och inte giltigt, enligt min mening. Jag ville att de skulle utreda var hon skulle mantalsskrivas. Det var inte fråga om någon vårdnadstvist för hon skulle bo varannan vecka hos oss och vi skulle ha gemensam vårdnad. Det svar jag fick var att de skulle godkänna den anmälan som bådas namnteckning fanns på trots att min var under tvång. Hur skulle jag kunna bevisa det? För den delen det var det inte hennes ensak att utreda det. Jag blev förstummad, ledsen och förtvivlad för jag visste vad det skulle kunna innebära om hon var skriven hos sin pappa, och nu kom beviset i brevlådan. Han hittade på att hon inte bodde med mig. Nu skulle det inte dröja länge till innan han skulle kräva underhållsbidrag också. Jag hade ingenting att säga till om. Ingen som inte har sina barn mantalsskrivna hos sig har någon som helst rättighet till barnen. När skulle det göras en ordentlig utredning om vem som hade rätt? Min exman har alltid klarat sig oavsett vad han gjort. Varför gör han det? Jag förstår inte varför livet ger honom den lätta vägen och de han möter den svåra. Jag hoppas att han bär sina synder tungt och medvetet. Jag fick ta hjälp av familj, vänner, min dotters skola och faktiskt även från min exmans sida av släktträdet om bevis att vår dotter bodde varannan vecka hos oss var. Försäkringskassan blev överöst av brev som motbevisade min exmans påstående. Jag hörde inget mer från försäkringskassan i ämnet.

Kapitel 35

Han sitter på villa, båt, fyrhjuling, flera utlandsresor per år, hus i Spanien och Thailand, inga lån vad jag vet om, samt andra förnödenheter som tillhör lyxlivet, till och med även mina privata smycken samt andra materiella saker som jag hade innan vi träffades, så det är klart att han begärde barnbidraget också. Låter jag bitter? Hm ja lite men är mest oförstående att den som har mycket fortfarande gör vad som helst för att få mer. Det skulle bli en kanonsommar. Jag skulle vara ledig lite grann och han skulle inte ta ifrån mig min glädje att leva. Men att hata rätt en dag som denna var energikrävande så i dag hatade jag för fullt. Jag spydde galla och var så ledsen att tårarna sprutade. Jag kände orättvisa och förundran över varför jag prövades. Då såg jag en glimt av hopp av att sälja mitt hus, få en lättare ekonomi som nu kanske blev att jag inte kunde sälja, och behöva jobba ännu mer. Men vad fan, livet har prövat mig ett par gånger innan kan jag lugnt säga men jag gav inte upp, det var inte dags att kasta in handduken än.

Kapitel 36

Sommarlov, vad innebär det egentligen? Att man ska vila och uppleva nya saker? Jag upplevde saker men jag hade ingen vila, inte än. Att ta tag i de saker som skedde i livet tog tid. Min strävan angående husförsäljningen och lösa och ta nya lån visade sig inte vara så lätt då jag var ensamstående. Framför allt inte på sommaren, men jag hade tur. Det var semestertider men tack för att Sverige blivit lite bättre på att ha personal tillgänglig. Förr om åren när det var industrisemester i juli var Sverige igenbommat. Jag kontaktade min bank och fick prata med kontorets chef då min bankkontakt var på semester. Chefen var en trevlig och mänsklig chef som jag förklarade mitt läge för. Mitt moment 22 läge angående husförsäljning och eventuellt köp av ett nytt men mindre hus. Hon lättade upp min förtvivlan bara genom att inte slå ner på allt och möta mig på ett sätt som kändes respektfullt. Tack till cheferna som satt henne på en position som var henne värdig. Nu höll jag bara tummarna att allt skulle lösa sig på husfronten.

Hjälp mig, eller ska jag hjälpa mig?
Ansvar?
Har jag ansvar?
Vila, vila mig, vila hos någon annans ansvar
Frid och åter frid, kommer du?
väntan

Sommar, sommar, sommar. En väninna till mig sa att nu drar vi till Gotland och roar oss lite. Jag började tänka praktiskt och då blev det en del problem. Synd att man inte är en person som bara hänger på, men denna gång sa jag – vad fan så klart jag hänger på. Min äldsta dotter fick köra mig till min väninnas ex där vi skulle sova på natten då det är närmare Gotlandsfärjan då vi skulle åka 07.00. Tänk att ha en sådan relation med sitt ex att vi kunde sova där, få en fantastisk middag, vin och en match i biljard som jag dock förlorade stort. Men att kunna ha så trevligt med sitt ex är och, tror jag är, få förunnat men en sådan fördel för barnen man har tillsammans. Det var härligt att se att alla inte hade det som jag. Det var så trevligt att vi somnade sent men det var bara en föraning om hur lite sömn som skulle komma. Båtfärden gick bra och boendet var fantastiskt hemtrevligt med en atmosfär som att vara hemma hos någon kär vän. Härligt. Solen kunde kanske varit framme mer men jag klagade inte. En dag på Tofta strand fick vi och det var härligt. Då vi låg där i solen bestämde vi att veckan efter skulle vi åka med barnen och vänner till Göteborg och gå på

Liseberg. Sex vuxna och sju barn mellan 5-11 år i en 3a som vi fick låna av en syster till en av de som skulle åka ner. Herre gud, kollektiv, vad härligt. Såg framför mig alla barn som lekte och hade roligt och då de sov skulle vi vuxna sitta och äta och dricka gott. Samtidigt som de små sussade så sött. Det var bara det att barnen, alla flickor, hade så roligt att sova inte var på deras planering. Men det var härligt varmt dock inte i luften men atmosfären dallrade av gemenskap och samhörighet mellan barn och vuxna. Lovely. Mer sådant här i mitt och min dotters liv. Men det höll på att bli strul innan vi kom iväg för då jag befann mig på Gotland samtalade jag i telefonen med mitt ex och jag bad honom vara hemma senast måndag morgon så jag kunde hämta vår dotter tidigt för bilfärd till Göteborg. Han undrade om jag inte kunde ta henne redan på söndagen. Jag förklarade att det inte gick då jag befann mig i Visby och inte skulle komma hem förrän sent söndag natt. Då blev hans röstläge ett helt annat. Jazzå! säger han, då är det inte så synd om dig, roar du dig? Ja jag åker inte hem tidigare från där vi är för att du ska ha henne tidigt.

Jag bad honom att tänka på vår dotter, att det vore synd om henne då hon visste att vi skulle åka till Liseberg med barn hon kände. Hur skulle du förklara för henne att hon missar detta? Jag kunde tyvärr inte ta mig från Gotland tidigare då inga platser fanns på båten. Jag berätta att det var en impulsiv resa till Gotland och om han inte kunde visa sig tillmötesgående.

"Jag får se hur jag gör, men du kan hämta henne på Möja".

"Och hur ska jag kunna göra det söndag natt? "

Sur var han för att jag befann mig i Visby och hade semester och inte jobbade. Men som tur var tog han sig samman och såg till att vara hemma på måndags morgonen så jag kunde hämta henne. Jag förstår inte varför man ska göra det så besvärligt, varför man inte bara kan hjälpas åt. Att vara hjälpsam tycker jag är en självklarhet. Filmen *Pay it forward* är så sann och så bra och en film alla bör se och förhålla sig till. Undrar hur samhället sett ut om alla kunde hjälpas åt i stort och smått. Utan förbehåll att få något tillbaka just då utan man kan få hjälp av någon helt annan, man bara ser till att vi hjälps åt att leva och göra det tillsammans alla i hela världen. Men det är nog tyvärr bara en önskedröm, men jag kan i alla fall försöka göra mitt bästa att vara hjälpsam till någon varje dag, det är inte jobbigt.

Kapitel 38

Jag träffade en vän en gång, jag kallar honom vän även fast vi inte ses och har bara setts på en kurs under fem dagar för flera år sedan men han var så godhjärtat och generös att han är ett föredöme. Han skrev en bok och alla som köpte den fick även med en 1 krona att stoppa i en godisautomat som finns i affärer som många barn tjatar om för att då ett barn vred på automaten så skulle det redan finnas en krona där. Tänk så förvånad och glad det barnet skulle bli. Han gav många kronor till barn och gjorde saker för andra sådär i skymundan för att kunna glädja någon spontant, men han stod inte och väntade på att få ett tack eller väntade på att få se en reaktion, han bara gav för att sprida ett leende och glädje utan att ta åt sig äran. Fler av oss bör göra som han. Jag fick för mig att man bör ha en snälldag. Man kan ge den sura grannen blommor, le åt någon på gatan eller ge en komplimang. Sätten är många och det bör inte vara en speciell dag man gör detta på som alla hjärtans dag eller julafton. Att ge någon något som inte kostar mer än tid och lite energi från sig själv är så berikande att man lyser mer i sig själv och då får man automatiskt något tillbaka.

Kapitel 39

Lånet av lägenheten i Göteborg gav 7 barn och 6 vuxna underbara minnen. Lägenhetsägarinnan gav så mycket att jag hoppas hon får något tillbaka. Vi hade roligt, barnen åkte massa attraktioner på Liseberg, vi åt lunch i solen och njöt i vårt lilla tillfälliga kollektiv. Alltså, jag ska nog bo i kollektiv en dag. Hur bra som helst. Man hjälps åt att laga mat, städa, ta hand om barnen. Barnen har alltid en vän att leka med, de sporrar varandra att leka andra lekar än det de redan kan. De utmanar varandra att vara vänner och vara osams på ett sätt som hela tiden lutar på respekt till varje invid. De större hjälper de yngre och den yngsta i detta sällskap av barn hade en personlighet och ett ansiktsspel som är få förunnat. Helt fantastiskt, där kan man säga att hennes ansiktsuttryck sa mer än tusen ord. Så rangordningen i detta sällskap kanske gick från den yngsta till den äldsta. Vi vuxna kunde slappna av, inte lösa konflikter barnen emellan då de inte fanns några egentliga konflikter dessa dagar. Då vi åkte därifrån var alla trötta och nöjda och alla ville spola tillbaka tiden och börja om från början. Men allt har sitt slut och det finns alltid en ny början på något annat. Är början att finna sin plats där man är för stunden?

Jag påverkas av människor jag har runt omkring mig beroende i vilken fas jag befinner mig. Är jag öppen att ta emot människors energier i min omgivning, kan jag påverkas också men jag kan också välja att stänga ner just då. Jag vill att de jag möter i ett möte delar med sig av deras egna fria vilja, jag vill inte läsa av och få svar av den jag har framför mig utan ett godkännande från deras själ. Det må låta flummigt, konstigt eller kanske lite galet. Jag vill inte att ni som läser detta ska tro att jag läser av er hela tiden, för det gör jag inte. Jag ber om tillåtelse och vill inget veta om jag inte blir ombedd om svar. Precis som jag kan läsa av då jag behöver för att komma i stadiet där man bara vet för att vara en länk till förståelse för sin person eller en handling. Att skriva om dessa tankar och känslor kanske kan förvirra men jag tror vi alla kan känna och framför allt våga känna. Det kanske är så att man ska meditera eller på annat sätt hitta sin kraft. För slutet är ett avslut med en början på något nytt.

Kapitel 40

En dag träffade jag en man som var olik andra jag träffat. Han hade en sårbarhet och ett lugn som jag ville läsa men hans innersta godkände det inte, hans själ bad mig vänta. Det utmanade mig att ha tålamod vilket jag inte har. Var det därför vi möttes för att jag nu skulle pröva mitt tålamod och inte kliva in utan tillåtelse? Jag skulle få tygla min nyfikenhet, jag skulle snällt få vänta på att han pratade, vänta på att få komma in i hans sfär. Det är svårt att känna mycket men inte ha tillåtelse att "se". Det var så tydligt och jag kände mig som ett frågande otåligt barn för i respekt till detta var jag tvungen att sätta mig på bänken av väntan och ha tålamod. Vilken prövning jag kände att livet gav mig. Men varken jag eller någon annan har rätt att kliva in i någons energifält utan tillåtelse. En del är öppna, de har inga hemligheter eller är inte medvetna. Men hans litenhet var på sin vakt och jag kände bara respekt och vördnad inför det, men samtidigt undrande jag över varför det var så tydligt att jag blev satt på väntarbänken. Jag väntade otåligt på nästa möte. Han var någon som utmanade mig på ett sätt jag inte kunde sätta ord eller handling på. Livet är spännande och jag är så glad att leva mitt liv och vad var detta som skulle lära mig något nytt? Jag tror att möten mellan människor är av en anledning. Jag visste inte vilken anledning som fanns att vi möttes men gud vad jag ville veta det redan från början.

Drömmar, sanning eller illusioner
Vem vet och eller för vem
Du jag, är vi ett?

Kapitel 41

Det var slutet på min semester och jag hade varit mer ledig än någonsin, vilket jag inte trodde med de förutsättningar jag hade i början av sommaren. Det jag lovat mig själv förra året på arbetets första dag efter semestern och då jag kände att det var väldigt långt till nästa semester då jag sommaren 2011 nästan inte varit ledig alls. Men detta år hade jag varit ledig och kunde säga, jag är på, jag hänger med, vad kul. Som min arbetskamrat på en av de ambulansstationer jag arbetar på har hon också en önskan att bara känna "All in" någon gång. Utan tanke på barn och förpliktelser eller behöva arbeta dagen därpå som gör att man inte kan följa med eller ha jobbat häcken av sig och inte ha krafter kvar till att göra något annat än att sova. Hon var i samma tillstånd nu som jag var förra året. Men denna sommar kände jag mig fri för första gången på många år. En del av mitt helande hade gett utdelning i mitt välmående. Terapitimmar, arbete med mig själv hade faktiskt gett bra resultat såg jag då jag blickade bakåt. Jag har mycket kvar att lära mig för att kunna ha ett sunt förhållningssätt till mig själv.

Den största utmaningen sista veckan på sommaren var då min bok "JAG" faktiskt blev klar och jag var väldigt nära att behöva prata med barnen om sanningen om mig. Det var jättenervöst. Jag hade varit på väg många gånger att prata med barnen men inte hittat rätt läge. Jag hade hela tiden skjutit upp det och bestämt mig att göra det nästa vecka. När den veckan kom så skulle jag prata med dem då första utkastet kom från förlaget. Sedan skulle jag prata med dem då andra utkastet kom. Men helvete vad det var svårt. Min dotter kom hem en dag och sa bara, kör. Hjälp, ok och så talade jag om historien hon inte visste. Vi grät och pratade, hon tog boken och gick hem och läste sida upp och sida ner. Senare på kvällen fick jag ett sms.

Jag älskar dig!! Du är min fina mamma" Och jag är stolt över dig!!

Vackra ord och jag kände mig så enormt stolt och grät av lycka för hennes acceptans som jag varit så rädd för att den inte skulle komma. Min äldsta son fick samma inbjudan att komma hem och han kom. Samma historia men denna gång grät jag inte. Jag stålsatte mig på ett konstigt sätt. Han var imponerad och tyckte det var coolt med boken. Han åkte och hämtade det mer färdiga resultatet hos sin syster.

Hjälp

Han sände mig också ett sms. Hm varför? Jo för de vet att jag kan läsa deras text om och om igen, och de känner mig och vet att det betyder så mycket för mig att få det i skrift så jag kan läsa och ta in och sedan tro.

Hej mor, fantastisk bra bok du skrivit, det är som att läsa ett kapitel, finns ingen mening med att sluta/stolt som son 1

Jag kan inte med ord beskriva vad jag kände då jag läste deras ord till mig, deras acceptans och stolthet. Jag grät av lycka och var rörd ända in i själen. Min yngsta son han läste i sin takt. Mycket intryck men han kämpade sig igenom den för han var stolt och tyckte allt var coolt.

Denna sommar gjorde jag ett hästjobb med mig själv. Det som också hänt som jag inte trodde var möjligt är att jag känner, jag känner värme och att den finns i mig och jag kan både ge och ta emot. Att känna är skrämmandet och insiktsfullt. Insikten gör ont men den får mig att leva på ett härligt sätt. Känslor gör mig också sårbar men det gör inget nu då det är positiva känslor. Det är inte farligt för jag bestämmer nu på ett sätt jag inte trodde var möjligt. Jag som trodde att denna sommar med försäkringskassan, skattemyndigheterna och allt tjafs skulle vara ett stadium av negativ stress. Och så händer det positiva saker som gör att jag tänker att, vad fan det löser sig på något sätt. Jag eller barnen dör inte, vi har varandra nu och för alltid. Tänk att livet kan vända, mitt liv, mina känslor om tron på att mitt liv faktiskt kan bli bra, riktigt bra dessutom. Halleluja.

Kapitel 42

Så kom dagen vi skulle ses igen min lilla grupp och jag. Jag undrade vad som hänt med resten då det hänt massor med mig. Detta hade faktiskt varit en av de friaste somrar jag någonsin haft. Jag hade som sagt varit ledig mer än vanligt, jag hade fått en tro på att mitt liv faktiskt finns och är ett bra liv trots allt som varit. Jag hade tron att jag kunde lära mig hantera det som varit. Jag behövde bara lite positivitet i livet, men hur kunde jag anat att det skulle bli på detta viset. Jag hade denna sommar träffat någon som gav mig ett stadium av vila, att känna känslan av helhet, känna längtan och faktiskt känna mig accepterad. Hur skulle jag förklara allt detta för dem, att sommaren inte blev som jag trott, fan vad negativ man kan vara ibland. Det är som att oroa sig för saker som kanske, alltså kanske aldrig skulle ske eller inträffa, och ändå kan man gå och oroa sig. Eller man kan till och med vara så fräck och förutse att saker ska bli på ett visst sätt och så blir det inte så. Då tror man bara att det kanske var en tillfällighet att det för stunden gick bra eller man bara hade lite tur, just då. Med sådana energier så kan det knappast gå bra en längre stund. Jag måste vända detta oftare och förutse att allt blir bra och kommer så förbli. Jag tog mig i alla fall dit med en positiv förväntan att möta dem igen.   Motorsågskvinnan förklarade att motorsågstiden var förbi och en nyinskaffad lie fungerade utmärkt.   Lien förde inte så mycket oväsen och hon upplevde att grannarna inte var intresserade av mer ved. Slyet efter arbetet/halshuggningarna/ilskan kunde hon köra iväg själv till tippen. Hon berättade också för oss att till och med våra energitjuvar var" liade" ungefär vid knäna och det kändes bra och mycket lättare. Hon tyckte det var förbannat roligt och befriande att i tanken hugga huvudet av allt möjligt, inte bara av hennes exman utan till och med av våra. Hon hade avlivat det mesta. Vi skrattade då vi alla såg framför oss hur hon denna vår och sommar gjort sin tomt mer likt en golfbana av världsklass. Vår ledsna vän som jag inte har berättat om var däremot sjuk så vi fick hoppas att hon skulle komma till oss nästa vecka. Vi var inte många och då vi delade med oss till varandra så kändes saknaden väldigt tydligt då alla inte var med. Den ledsna, hon berörde mig starkt. Ibland under våra möten ville jag bara ta henne i min famn och aldrig släppa taget. Andra dagar ville jag dricka vin och bli fnittrig och få henne att skratta. Jag saknade henne mer än jag kunnat tro, för jag var orolig för henne. Jag ville att hon skulle haft en bra sommar. Vi hade stött på varandra lite då och då under sommaren då hon varit ute och gått. Tänk om jag bara fått ta henne hem och bäddat ner henne, satt på en rolig film och en kopp te. Men vi kanske skulle haft roligare med en flaska vin. Jag tror jag ska göra det någon gång istället för att bara tänka på det. Jag kan tänka för mycket och agera för lite. Varför är människan så feg? I slutänden vill man ju bara väl, eller hur?

Jag tycker vi ska ta hand om de vi har runt om kring oss, det kostar inget och man mår så himla bra själv av att göra något för någon annan. Jag tror jag ska föreslå vin för gruppen nästa gång. Undrar om det passar med vin i gruppterapi? Det finns ju vinprovningsgrupper, så då kan vi ha en vingruppterapi. Fast det kan ju gå hur som helst förstås. Idrottsmamman hon var förtvivlad. Den tunga sorgen av matthet, att inte orka så mycket längre sken igenom så vi alla blev beröra. Jag hade haft en bra sommar så jag kände nästan som jag inte kunde berätta om det positiva jag kände inför livet och tillförlitligheten att allt skulle bli bra på ett eller annat sätt. Motorsågskvinnan hade skövlat allt i sin trädgård och tyckte livet fortfarande innehöll mycket ilska. Men kärleken till livet den fanns där igen.   Men idrottsmamman var helt slut. Hon hade använt sin energi och sommar åt att försöka överleva mellan påhopp och trakasserier, domstolsbeslut och träningar. Det var skönt att se henne gråta framför oss för första gången, att se hennes förtvivlan släppa loss och få finnas. Bara det var värt vår grupp. Gruppterapi är inte så dumt. Att kunna släppa fram sin trötthet och förtvivlan var och är modigt. Vi var fan bra som grupp, våra terapeuters första gruppterapi, vi var deras försöksgrupp, vi var nog ganska så exemplariska. Våra terapeuter ska vara stolta över oss och sig själva för allt de gjort för oss som gjorde att vi kunde berätta allt med mod såhär efter sommaren. Att låta våra känslor berätta vad som hänt runt omkring och inom oss. Hur denna grupp påverkade oss att bli starka i oss själva. Även att kunna utrycka behovet av att träffas som grupp påverkade oss till att må bättre, tänka klarare och klara av oss själva i olika situationer vi hamnade i. Vi hade alla haft behov av en sommarsammankomst, en gång. Det hade nog varit bra att ha fått en uppföljning en gång under sommaren som grupp eller enskilt. För det hände massor då vi gick en gång i veckan och sedan ingenting på så många veckor. Idrottsmamman hade behövt stöd, jag hade behövt stöd i början av sommaren, Motorsågskvinnan som nu blir "lien" hon kanske inte hade haft en så välvårdad trädgård om hon fått stöd under sommaren. Den ledsna väntade vi på till nästa vecka. Vi brydde oss med hjärtat och alla hade vi tänkt på varandra under sommaren.

Kapitel 43

Så kom träff nummer två efter sommaren och vi var alla samlade igen. Vi fick reda på att det troligtvis skulle komma en till tjej, kanske två till som skulle in i vår lilla torsdagsgrupp. Jag undrade vad de var för några? Undrade vad för historier de hade i sitt bagage? Vi var redan trygga med varandra. Det var påtagligt och kändes bra. Känslan av att vi var där för vår egen skull från början hade blandats med att vi nu också var där för varandra. Vi började släppa in varandra lite mer, vi började visa känslor på ett mer öppet och närvarande sätt. Det behövdes verkligen tid och krävdes många träffar för att öppenheten skulle ske. Det upptäckte jag markant då en av oss fattades och nu skulle det komma in fler medlemmar. Det väckte känslor då jag känt av sommarens ledighet och hur mycket dessa träffar betytt och betydde för mig. Hur skulle jag förhålla mig? Skulle jag fortsätta där jag precis börjat? Jag började komma till en punkt där jag i de övningar och de ordpenetreringar vi gjorde för att strukturera ner vad saker egentligen betydde av ordet våld och misshandel och vad det stod för när vi hörde dessa ord. För mig som varit där i alla dess konstellationer av övergrepp och misshandel så var fortfarande ordet misshandel förknippat med fysiskt våld som slag och blåmärken som följd. Det var en förvrängd uppfattning, för misshandel är så mycket mer än så. Men orden skuld och skam som vi gick igenom denna andra träff efter sommaren väckte väldigt starka känslor inom mig. Genast åkte jag bakåt i tiden. Här kommer Freud in igen. Förbannade barndom och alla dess minnen om hur jag blivit och agerat på grund av de minnena och förhållningssättet jag haft till mig själv och andra människor. Också skuld över hur lite jag varit närvarande i mitt liv, skuld över att jag inte kunnat göra annorlunda. Skam över det jag varit med om. Skam över att jag inte sagt nej i vuxen ålder då någon betett sig respektlöst mot mig. Övergreppen har gett mig skam, som samtidigt gett mig skuld över mitt agerande i mitt liv. Alltså en riktig soppa. Jag var på väg att berätta för de andra en del till i min historia men det gick inte. Det stockade sig i halsen och jag kände att jag skulle börja gråta om jag berättade. Så jag valde att bita ihop och det fungerade. Men då jag gick därifrån låg en tryckande ångest över mig som en snurrande mörk åska i hela mitt system. Samma känsla som gör att mina fingrar går in i sitt invanda mönster för att inte få upp alla dessa bilder som ger mig känslan av litenhet och rädsla. Fan jag behövde träna, svettas för att få bort allt som kändes som något hysterisk maniskt. När ska dessa minnen kunna ske utan att jag blir tvungen att bedöva mig med träning? I och för sig är det bättre än att ta till andra saker för att döva det jag känner. Så träning är bra och ger kroppen ett välbefinnande. Och ångesten, bilder och minnen försvinner för stunden. Denna skuld måste kanske eller inte kanske, jag måste släppa och framför allt skammen. Men det är svårt.

Den man jag träffade denna sommar ringde precis då jag kom ut från torsdagsträffen och han var klar på jobbet och vi bestämde att vi skulle gå en långpromenad. Det var ett lockande förslag. Att få ses en stund innan han åkte till sitt. Men hur skulle det då gå med mina känslor och den bedövande träning jag så väl behövde? Att promenera tar inte bort minnen, svett gör det. Men min lockelse av att få umgås övervann träningen. Det var något nytt. Men jag tänkte att vi kunde gå fort så blir jag varm i alla fall, och så kunde jag träna hårt i morgon då jag var ledig. Jag hade en lång dialog med mig själv hur jag skulle hantera detta att inte träna efter gruppterapin som jag annars gjorde. Jag tror att allt har en mening och detta var en bit på vägen att förändra ett mönster. Det är lätt att hamna i mönster som är svåra att bryta då det fungerar så bra. Jag var lite rädd att känslan i mig inte skulle släppa. Vilket den faktiskt gjorde. Men det handlade inte om att jag tränade eller inte utan att det vi pratade om som skuld och skam fick mig att inse att jag måste släppa vissa saker för att faktiskt gå vidare och inte låta det påverka mig i den stora grad det faktiskt fortfarande gjorde. Jag behövde bli förbannad, arg och ilsken. Kanske alla dessa saker på samma gång för jag hade svårt att bli arg eller utrycka ilska. Svårt att släppa det invanda, hur galet det än låter så var dessa känslor något jag kände igen så väl. Men jag vet inte om jag ville ha det kvar. Det kändes som en sorg, som att låta en gammal vän gå. En vän jag förlitat mig på. Bara det att vännen var ångest, smärta, rädsla och litenhet. Vem vill ha en sådan vän? Inte jag, inte längre. Det var dags att släppa taget och bli hel. Han kom till mig och vi började gå vår promenad. Han såg mitt innersta lite för bra då han frågade hur det var på min terapi. Jag lyckades visst inte se oberörd ut. På något sätt ingav han ett lugn och förtröstan att jag var ok bara för att jag var jag. Så jag berättade om skuld och skam och vad det gjorde med mig och min förhållning till bland annat träning. Han lyssnade och var glad att jag berättade och han tyckte varken jag var konstig, skruvad eller galen. Är det så att man möter den man förtjänar till slut fast på ett bra sätt. De andra jag mött i min väg kanske jag också förtjänade? Eller inte! Var det så att jag förut drog en viss typ av män till mig för jag inte visste något annat. Jag trodde män inte kunde vara på annat sätt. Jag tyckte inte heller det var konstigt att de var elaka fast jag inte kunde förstå varför man ville vara elak. Nu hade jag träffat någon som var helt annorlunda. Inte konstigt annorlunda bara härligt underbart annorlunda. Han säger att jag är som en tonåring som har sin första förälskelse och allt vad det innebär att vara kär. Jag kände mig förvirrad. Han hade på denna korta tid gett mig en tro på att det finns värme och närvaro och en respekt till mig som jag inte trodde jag förtjänade. Han lärde mig sakta men säkert att jag är värd något. Att jag förtjänar som alla andra att få kärlek, att känna att det är härligt att ge och någon som tar emot det jag ger med full respekt. Det var annorlunda, konstigt och underbart härligt. Det var sorgligt men härligt att jag fick uppleva detta. Det sorgliga är att jag inte trodde detta gällde mig. Jag saknade det inte för jag trodde inte sådana här känslor fanns mer än i fåniga kärleksnoveller jag aldrig orkat läsa då det bara var dravel. Men nu så upptäckte jag att det faktiskt finns i verkliga livet, och till och med i mitt. Det var värt att inte ha haft dessa känslor tidigare för det kändes som jag kunde ge detta till en man, nästan som att jag vore oskuld. Hur det nu går till då jag har fyra barn. Men i detta ämne är jag helt novis. Tur att denna man varit kär förut, han förstod och log med respekt åt min förälskelse på ett ödmjukt sätt. Han lät mig terrorisera honom med sms och samtal dagarna i ända. Han lyssnade på mina kärleksförklaringar om och om igen och han tog emot dem och levererade tillbaka lika mycket. Så att jag vågade vara och tro på det jag kände. Det hade hänt mycket och knuffen in i kärleken är kanske det sista jag behövde för att hitta resten av mina pusselbitar för att bli hel. Det kanske var detta som behövdes för jag skulle förlåta och sluta känna skam och skuld och tro på att jag är värd något. Jag kanske skulle gå igenom allt för att nå dit jag hör hemma. Det var kanske dags att lära mig hata rätt till allt som varit eller varför inte att inte hata alls utan acceptera det som varit.

Kommer dit, kommer inte alls
Vem bestämmer allt
Ska jag? Ska du eller gör vi det tillsammans
Herre gud
Svårt, svårt SVÅRT
Kapitel 44

Men mitt i allt som hände så fanns ju vardagen där. Jag ville förändra och framför allt förändra mig, men det gjorde jag inte i en handvändning bara för att jag ville. Jag kan lura och tro på mig själv, men sanningen och verkligheten kommer ikapp till slut på ett eller annat sätt.

"Att *leva som våldsutsatt, kan ni sätta era ord på hur ni tänker där?*"

Vår manliga handledare på våra terapiträffar frågade oss den frågan då vi var tillbaka igen denna torsdag som alla andra torsdagar. Ja! Vad tänkte jag där? Jag var helt slut. Jag tänkte att för mig gick det nog aldrig upp förrän jag var ifrån relationen och efter vi penetrerade frågan här på terapin. Att jag förstod innebörden av våld rent tekniskt var lättare än att verkligen förstå i hjärta och själ och i en medvetenhet. Det var något helt annat. Kroppen eller i alla fall min och jag tror att även andras kroppar gör allt för att skydda in i det längsta. Men att skydda medvetenheten är kanske inte alltid så klokt att göra under extremt lång tid. Kroppen är fantastisk på så många oförklarliga underbara sätt. Den klarar av extremt mycket saker som vi inte kan förklara trots att vetenskapen kommit lång. Vi kan inte allt idag om den kropp vi bär med oss varje dag. Att verkligen förstå saker är inte alltid lätt och att samtidigt förstå sig själv är svårt. Jag ger känslan av skuld och skam på olika sätt till mig själv. Jag delar ut det som en hänsynslös domare utan empati. Skuld för att jag inte förstått och skam för att det inte fanns insikt någonstans i mitt medvetande på så många år. Genom sin omedvetenhet har Den ledsna av oss i vår grupp väldigt svårt att förstå att hon har varit våldsutsatt. Hon lät fortfarande människor i sin omgivning sätta sig på henne. Lät henne tro att hon inte var värd något, att hon inte kunde bli bättre, att hon inte några vänner kunde ha.

"Jag har inga vänner", sa hon med en nedfälld blick och ett litet skratt som pressades ut." *Så det stämmer ju, Det är ju sant, så då måste det vara fel på mig då han sa att det är fel på mig då jag inga vänner har, så det måste vara rätt för det är ju sant, jag har inga vänner"* sa hon för att övertyga att det skulle vara så.

Jag kände bara ilska, och blev ledsen då hon, vuxna kvinnan, som blivit så nertryckt att hon fortfarande inte trodde att hon var värd att behandlas med respekt. Det var lättare för oss andra att se hur hon tryckte ner sig själv, än att se att vi också gjorde det ibland. Men vi andra, "lien", "idrottsmamman" och jag, vi hade börjat komma en liten bit i vår process att allt faktiskt inte hade varit vårt fel. Det sorgliga denna torsdagsträff var att "den ledsna" var kvar i sin övertygelse att de respektlösa måste haft rätt då hon inte hade vänner. Det var ju sant, så då var säkert de andra sakerna som påstods sant det med. Att hon var värdelös och bedrövlig. Mannen som var anledningen till att hon var på ATV sa att han älskade henne trots sina elaka handlingar och ord. Han älskade ju henne och om hon gick tillbaka behövde hon inte vara så ensam. Jag trodde jag skulle ge henne en smäll på käften, fan jag trodde jag hörde fel. Hon skulle kunna gå tillbaka för att slippa vara ensam, att bli sedd fast på ett helt fel sätt.

"Nej, det kanske inte skulle bli så bra i alla fall", sa hon

Tack och lov, tänkte jag, det var en ögonblickstanke att gå tillbaka till mannen som for upp i hennes huvud. Men var det så att vi människor gärna gick tillbaka eller stannade kvar bara för att vi också var rädda för ensamheten?

Människor som behandlar oss illa och som tar bort vår förmåga att tro på oss själva tar också bort tron på att vi är värda något. Vi tappar tron på att vi inte klarar av att vara vuxna, självständiga och kapabla att göra något rätt. Det kanske blir så att vi blir för rädda för att våga fortsätta fly, att vi kanske väljer att gå tillbaka.

Det är fan inte klokt.

Vår ryggsäck den finns kvar, säger hon "den ledsna" .Vi kan hänga av oss den ibland för att känna hur det känns, men vi kan sätta på oss den igen då friheten blir för svår. Vi går tillbaka in i gamla mönster där vi är trygga och vi vet vad det är som gäller. Men för att först kunna ta sig an denna osynliga ryggsäck med minnen och erfarenheter, rädslor och skam, så gäller det att veta att den existerar och att vi vet vad ryggsäcken innehåller. Vi har insikt i vem vi är och vad som känns rätt och fel. Insikten rymmer en medvetenhet som vi kan skilja på. Det var bara det att hon hade ryggsäcken men hon kunde inte ta den av sig för vem var hon då?

Jag hade tagit av mig min och var rädd för att jag inte ville ha den på mig igen. Skulle jag sakna mina egenheter, mina försvar, mina strategier i olika sammanhang?

Jag var förvirrad och jag visste inte hur jag ska bete mig eller om jag skulle ha en ceremoni och säga farväl till en del av sakerna i min ryggsäck. "Idrottsmamman" hon skulle hålla sig så långt bort som möjligt. Hon skulle tänka på att ha så lite kontakt med sitt ex som möjligt. Men det innebar också att hennes inblick i hennes barns liv minskade drastiskt då hon inte kunde ställa frågor vilket då resulterade i att hon inte fick veta något. Men å andra sidan behövde hon inte oroa sig hela tiden för saker barnen gjorde hos den andra föräldern som hon inte själv skulle ha gjort eller kunde göra något åt. Vi pratade om detta att släppa taget om barnen men ändå inte. Att vara intresserad och att lägga sig i, att skilja på vad som var bra och vad som var mindre bra. Vad gynnar vem och för vad? Det var att vara taktisk i varje moment för att kunna framstå som en engagerad och sammarbetsvillig morsa. Bli synad i sömmarna för att inte få avslag i någon rättprocess för att man kanske var rädd, trött och totalt helt slut i psyket efter de påtryckningar som man fått och får och som i det här fallet gällde "idrottsmamman". Att inte veta hur hon skulle vara, hon kanske ville vara på ett sätt men det kunde hon inte för rättsväsendet ser inte vad som sker utanför deras dörrar och utredningar. Hon var låst att gå med på saker fast hon inte ville. Hon gjorde saker som hon mådde dåligt av. Jag eller vi i vår grupp såg hennes ångest och rädsla för att göra fel. Göra på ett sätt som de på lagens sida skulle uppfattas som icke medgörlig. Hur hon än såg på saker blev det många gånger fel. Vi gör allt för att våra barn ska må bra och få ett så bra liv som möjligt. Vi kan gå på knäna själva i denna process, men samtidigt måste vi stå upp också för oss själva så vi kan vara förebilder för våra barn. Att vara synad och sedan låta främmande människor med lagen i sin hand bestämma saker som i praktiken kanske, och jag säger kanske i många fall inte fungerar för barnens bästa. Att barn ska ha tillgång till båda sina föräldrar är en bra tanke och är fantastiskt så länge det fungerar. Men "idrottsmamman" var i detta fall helt slut. Det finns många ställningstagande vi ska förhålla oss till och ta beslut om vilket kan vara svårt. Det är en djungel och jag tror inte det finns några riktiga svar på hur man ska göra i alla lägen, men jag hoppas att de människor som har valt ett yrke som tar beslut om människors öden och som på grund av deras beslut kommer påverka de inblandade familjemedlemmarna för resten av deras liv. Jag hoppas dessa människor tänker till ordentligt innan de skriver ner det på ett papper och skriver att det är det domstolsbeslutet som gäller och att man har rätt att överklaga vad de nu har bestämt. Ändra sina tankar och åsikter kan våra exmän på oförklarliga och helt plötsliga sätt som vi i gruppen inte kunde förstå. Någon gång tror jag att de ändrade sig för att de bara fick lust helt enkelt och för att strula till saker. Kanske utan eftertanke och bara för att de är lite... annorlunda. Ovissheten att saker vi bestämt kanske inte håller, den stressen är förödande för många människor. Men jag kände mig starkare än någonsin, "lien" hon halshögg på löpande band och kände samtidigt kärlek. "Idrottsmamman" går igenom isen snart och "den ledsna" kanske vände tillbaka, inte till honom men i sin utveckling med oss, eller är det så att hon började vakna?

Terapi är inget man gör något år så är allt bra sen, att allt blir bra, insiktsfull och man får ett helt fungerande liv. Nej, terapi är en process som ger dig verktygslådan att förhålla dig till. Mer gruppterapi eller finns det en mening med dessa gånger. Har terapiledarna tänk? Har de en plan?

En plan, vem har en plan?

Kan man ha en plan, bara så där. Gäller det alla? Levande som kanske även döda. Har vi ett högre jag som alltid är med oss. Vissa pratar om att vi först bor i himlen eller någonstans där vi väljer våra föräldrar innan vi kommer in i mammans mage. Kvinnan blir inte bara gravid, hon blir noga utvald och speciellt handplockad av barnet från.. ja var då någonstans? Är hela livet en redan förutbestämd väg? Kan allt bli som det var tänkt från början?

Men vad är egentligen från början?

Ska jag eller någon annan bestämma hur allt är? Är det här som gud kommer in? Jag vet inte, jag har aldrig träffat gud.

Kapitel 45

Alltså, kan man bli galen då man är kär? Är det kär och galen som kommer från sanningen. Jag trodde då inte att det skulle vara så här. Men det är någon här som pockar på uppmärksamhet. Kan man tänka på allt och ha en plan för allt, eller ska man improvisera. Jag har alltid improviserat genom många händelser sista åren. Jag har haft det lite som min filosofi, att inte planera, inte ha en struktur, att bara vara i något. Det fungerar bra, jag behöver inte lägga tid på saker som kanske inte i långa loppet fungerar. Utan jag har bara som sagt improviserat eller som förut haft 100 % total kontroll.

Kapitel 46

Så var det åter torsdag. Veckorna går på som vanlig. Jag var på rutin, jag fungerade ungefär i min vardag som alla andra tror jag. Barnveckor och ickebarnveckor för oss som har barn varannan vecka så inrutar man sig på barnvecka eller ickebarnvecka. Men i stort så ser alla veckor likadana ut. Måndag kommer oavsett vilken vecka och torsdagsmötena de kommer de också. Denna torsdag fick vi reda på att nu var det bara fyra gånger kvar. HJÄLP. Det som var en rädsla att börja i en grupp, blev nu att vad fan ska hända sen? Ska jag fixa allt själv nu? Det kändes att ha sommaruppehåll. Ska uppehållet vara jämt nu? Nä! Det gick jag inte med på.

"Kan vi inte ha en Reunion, en träff om max ett kvartal? Jag menar hur ska vi göra med alla omedvetna frågor, alla saker vi lättar på trycket på här, ska jag verkligen fixa det själv hädanefter?"

Det är inte bara att vara i en grupp ett par gånger, några månader eller år. Det måste vara en uppföljning. Det händer massa saker med oss i gruppen, både då vi är där och då vi är "lediga" och det lättar bara vi samtalar om det på torsdagarna. Det blir liksom ingen grej av det då man får prata om det. Vi diskuterar saker som händer i våra liv mellan gångerna vi ses och får hjälp att få perspektiv på det som hänt och vad som är på gång. Det hjälper oss så vi inte blir av med för stor negativ energi på saker som stör. Vi hjälper varandra mer än vad terapeuterna herr och fru ATV gör. De är bra, jävligt bra. De säger inte så mycket alltid, de vägleder oss i ämnen, sätter igång oss och ger oss samtalsmaterial att använda oss av då vi är där. Vi gör mycket jobb med varandra som grupp. Vi skulle denna gång få en eller två nya medlemmar i gruppen. Men tydligen blev det inte så av olika anledningar. Det var bra tycker jag då vi hade blivit ganska så sammansvetsade. Vi kände varandra och hade börjat sista gångerna vi setts öppna upp oss på ett annat sätt än vad vi gjorde i början. Vi vågade visa ilska, besvikelse och sorg på ett sätt som kändes tryggt. Samtalen flöt på bättre och öppnare. Det var tryggt och vi skrattade också mycket. Det var inte bara bedrövligheter. Tänk att jag var rädd för detta och nästan inte höll på att gå med. Denna torsdag tog vi som vanligt våra lappar på golvet för att beskriva var vi var någonstans, själsligt. Jag tog lappen "ensam". Jag kände mig inte det minsta ensam men det blir som det blir. Efter man valt sin lapp ska man förklara med fåtal ord varför man valt den lapp man valt. Jag förklarade utan eftertanke att det skulle bli ensamt då allt var klart. "Lien" berättade att hon också kunde känna sig ensam i allt. Hon har en väninna som inte riktigt förstår allvaret i hennes berättelse och sanningen i hennes upplevelser. Men det är svårt för andra att förstå hur det är att leva under psykiskt våld eller vilket våldsutövande som helst. Jag menar, det är väl för fan bara att gå därifrån. Men det är inte så enkelt att bara gå och det kan vara en förklaring till att vi kan känna oss ensamma. Det är så svårt för andra som inte varit i samma situationer som vi varit i. Det är inte bara att gå, tänk om det var så enkelt. Då hade vi kanske inte behövt vår torsdagsgrupp så väl som vi behövde. "Liens" historia var historia sedan många år tillbaka men ändå fick hon klarhet i händelser som hon burit på som en ryggsäck full med bly. Våra upplevelser försvinner inte från minnet bara för att vi tillslut bröt oss loss. Nu lärde vi oss att vi var där och det var en annan persons handlingar som det var fel på. Det var inte vi i våra handlingar eller oss som personer det var fel på. Vi pratade om att skilja på person och handling. Vi kunde se att de flesta var bra fäder trots vad de gjorde mot oss. Vi såg och förstod att barnen behöver sin pappa. Vi fick se att det gick att skilja på. Men det var svårt. Vi hade alla olika tankar om det. En person är ju på sätt och vis sina handlingar. Det är svårt att skilja på det.

Till min yngsta dotter som fortfarande behöver lära sig lite om vad som är ok och vad som inte passar sig i olika situationer. Hur ska jag förklara för henne att händer det något så är det inte fel på henne, det är kanske inte ok vad hon gör, vad det nu kan vara. Men att skilja på en handling då det gäller en vuxen människa är svårare. Jag tycker en vuxen har ett helt annat ansvar för sina handlingar än ett barn har. En vuxen ska veta vad som är rätt och fel. Därför är det svårt att inte karakterisera en vuxen på grund av dess handlingar. Jag kan säga, han/hon är så snäll och omtänksam, en gullig person. Det säger jag inte då någon beter sig illa. Vi blir lätt dömda för våra handlingar och vi blir lätt stämplade av på hur vi beter oss. Det är skillnad på barn och vuxna. Att skilja på person och handling kräver mognad och förmågan att zooma ut. Det är inte lätt om vi står på scenen med personen i fråga vi ska skilja på handling och person. Tänker vi på de barn som ser dessa felaktiga handlingar. Hur går det för dem och deras känslor om vad som är rätt och fel. Det är inte lätt då det kan vara sina föräldrar de ser bete sig illa. Hur ska de förstå varför deras föräldrar skriker och svär eller till och med blir slagna eller slår. Något de själva inte får göra och får tillsägelser om, och så händer det hemma. För barnen kan det vara svårt då de kan känna skuld över att fortsätta älska sin förälder, bekant eller någon annan i dess närhet. Samtidigt som den är elak mot någon annan som de tycker om eller till och med är elak mot dem själva. De kan lätt hamna i ångest över att inte veta vad som är rätt eller fel. De kan slitas mellan sina föräldrar om det är de som bråkar eller är elaka mot varandra. De kan se t.ex. sin mamma bli illa tilltalad eller till och med slagen, men barnet själv kan bli väl bemött. Det är också våld att se någon annan bli behandlad illa, det får vi inte glömma. Barn som, oavsett vilken form, av misshandel de upplever utsätts också för våld. Om en familjemedlem blir misshandlad av en annan som är och kanske alltid till och med varit en rolig vuxen.

Har vi rätt att fortsätta tycka om den personen samtidigt som vi är arga och oförstående över vad den gjort och gör? Det är här det är svårt att skilja på person och handling. Har vi rätt att tycka om någon som gör någon annan illa? Har vi rätt att vara arg på någon som inte gör dig personligen illa? Jag säger ja. Vi har rätt att tycka om en person oavsett vad men vi behöver inte acceptera vad den gjort eller gör. Samtidigt kan barnen bli förvirrade då den som blir misshandlad fortfarande lever kvar i relationen som uppenbart inte är bra. Våra barn, och då menar jag barnen som lever och har detta i sin vardag, de har det psykiskt svårt och slits hårt mellan olika hem om föräldrarna är skilda. De slits med sin lojalitet som jag tror de flesta har till sina föräldrar. Jag vill här och nu ge beröm, kärlek och min fulla respekt och ödmjukhet och enorma beundran för alla barn som lever i följderna av skilsmässa mellan vårdnadshavare. Inklusive mina egna för allt ni gått igenom, allt ni går igenom i era privata tankar, funderingar och ibland krångliga liv. Ni är starka även om ni får ta hänsyn till hur vi vuxna beslutar leva våra liv. Ni får leva med våra val. Ni får ta konsekvenserna av våra handlingar som förändrar era liv. Ibland till det bättre, men också ibland även till det sämre. Jag beundrar ert tålamod och er acceptans för vad vi vuxna beslutar om våra liv, era och våra. Ni är fantastiska.

Vi vuxna har mycket att lära av er men vi måste våga lyssna. Det kanske inte är så många barn som läser detta. Men kanske en särskild person jag vet som förespråkar barnen och som ska ha nobelpris för det arbete och engagemang han lägger på alla våra barn för att de ska få bli sedda och respekterade, jag nämnde honom i min tidigare bok "JAG". Han heter Micke Gunnarsson. Nu blir det lite reklam men ni som inte sett hans föreläsningar eller läst vad han skriver GÖR DET.

Kapitel 47

Så kom då vår sista torsdagsträff. Det kändes lite högtidligt på något sätt. Vi var samlade allihop. Fikat vi vanligtvis blev erbjuda då vi kom blev vi inte erbjudna denna gång. Fikat skulle serveras senare. Det var en lätt och glad stämning förutom hos "Den ledsna" som inte var på humör. Då vi skulle börja välja våra lappar denna sista gång var orden ledsen, arg, glädje, kärlek, sorg. Ord som handlar om känslor. "Den ledsna" hon pekade på ordet ledsen och sa gråtandes:

"ja, ni ser vad jag tar för lapp".

Det skär i mig att hon känner sådan stor sorg och oftast känner sig så ensam. Dessa förbannade karlar vi haft och hennes som fått henne att känna sådan ensamhet av de minnen hon lever med efter deras relation. Hennes trasighet som kvinna och person. Jag ville åter bara ta henne i min famn. Vi kommer överens om att vi ska fortsätta med sms kontakt varje torsdag och berätta vår status med våra siffror mellan 0-9 för att vi vill fortsätta ta hand om varandra. Vi behöver det allihop då vi inte vill släppa varandras stöd. Träffen fortlöpte bra och hade också en resumé om allt och hur vi skulle klara av att fortsätta utan varandras stöd. Vi märkte att dessa träffar betytt enormt mycket för var och en av oss och hur stor betydelse all ventilering haft. Vi har sett klarheten av den debriefing vi gjort tillsammans och som resulterat i att vissa upplevelser i våra liv kan vi lägga lite vid sidan om då vi har fått redskap att hantera det. Vi kan släppa en del av våra trasiga personligheter vi burit på så länge att vi trodd att de var vårt sätt att vara och vårt sätt att hantera saker. När jag går därifrån sänder jag dem en inbjudan om att komma till mig kommande söndag för lite mat. Alla tackar ja. Söndagen kom och vi hade det enormt trevligt. Det blev inte så mycket prat i samma genre som på torsdagsträffarna. Det blev mysigt och en del skratt, en superbra söndag. Vi skulle snart ses igen. Mina nya vänner och jag, inte mina terapitjejer. Undrar om jag måste byta namn på dem nu?

Kapitel 48

Efter lunchen hemma hos mig hördes vi varje torsdag med en siffra med veckans status. Jag kan inte påstå att jag varit först att komma ihåg detta, men någon kommer ihåg först och så blir jag påmind. Dessa siffror ger mig påminnelse om att vi har varandra även fast vi inte ses varje torsdag längre. Dessa påminnelser om vår existens och vad vi uppnått tillsammans fortsatte att ge mig stöd. Och vi ska ses snart igen. Det får mig att tänka på ett samtal om vår existens och vår betydelse jag hade med den man som jag träffade i somras och som jag fortfarande träffar. Han hade en kväll tankar om livet och vår existens. Jag tror att allt har en mening, att allt hänger ihop. Man kan fortfarande ändra om och strukturera om sitt liv men vissa saker är bestämda sedan innan, allt hänger ihop på något sätt. Det finns en mening varför saker sker och händelser i världen kanske inte alltid påverkar mig på ett personligt plan men den påverkar så jag i mitt liv också känner av det på något sätt. En tanke kom att om vi ser på ett kort från slutet av t.ex. 1800-talet så är det för oss kanske okända människor precis som vi kan vara okända för någon på andra sidan gatan.

Vad jag gör eller hur mitt liv varit vet han eller hon inget om. Det är de närmaste som vet vem jag är och hur jag lever mitt liv. De som står mig nära påverkas av mina val. Vi lever på denna lilla jord i detta stora universum och vi är bara små, små människor som begåvats med en intelligens som djur inte har. Men vi är också den enda art som har förmågan att förinta oss själva. Vi är den enda art som dödar utan någon mening. Vi kan förstöra oss själva och andra i så hög grad att vi kan få hela jorden att kollapsa. Varför gör vi detta i det enda liv vi faktiskt vet med säkerhet att vi har. Jag som tror på liv efter döden, tror på att vi kan inte bara vara här sådan liten tid som ett liv är utan att det ger följder eller en högre mening. Individ för individ. Titta bara på vad som skett inom tekniken från tidernas begynnelse till att vi är där vi är idag. Idag är det inte ovanligt att se ett litet barn med en Ipad och hantera det som om det är lätt som en plätt. Barnet kan vara så litet att det inte ens kan gå men dagens teknik klarar barnet av. Säg det barn som inte klarar barnspärren på skåp och lådor. Det vi gör i dag är vad våra efterlevande bygger vidare på. Allt hänger ihop. De personer vi kan se på bilder har varit med i kretsloppet som vi är i nu och som kommer fortsätta så länge denna jord finns kvar. Vi måste ta hand om varandra, vi måste ta hand om oss själva. För en dag kanske någon tittar på ett kort av mig och ingen vet vem jag är. Ingen minns mig och tiden har gått så länge att jag blivit en person i en tidsålder som inte längre finns kvar. Jag är någon nu och kommer vara det länge till och jag kommer minnas av mina barn och barnbarn och kanske även barnbarns barn men sedan sakta men säker börjar min existens suddas ut. Jag blir en person i livets kretslopp. Jag behöver därför ta hand om mitt liv nu, ge mina barn insikt om vad som är rätt och fel. Försöka visa dem vad kärlek och respekt är så de kan ta med sig sina goda och glada erfarenheter till sina nära och kära och som i sin tur tar med sig det till nästa generation och nästa och nästa....

Livet är kort och jag vill ta ansvar för mitt liv och allt vad det innebär. Jag vill vara ett föredöme för mina barn och min omgivning så att de ser att vi gör gott av att vara något så enkelt som ärlig, snäll, omtänksam och kärleksfull. Livet springer på och vi måste ta vara på det så gott vi kan. Det är ingen som kommer tacka mig för att jag inte tar hand om mig. Människor kan bli påverkade positivt av människor som tar hand om sig själva och sin omgivning. Det föder vänlighet om vi är snälla mot varandra och ställer upp för varandra och göra vårt livs jobb så bra som möjligt. Vår tid är så kort men så betydelsefull. Jag vill finnas för mig själv, jag vill finnas för mina nära och kära. Det mår jag bra av. Kanske har även du som läser detta varit med om en god handling från mig som påverkat en handling jag gjorde för länge sedan till någon annan som du inte känner. Det är som ringar på vattnet. Det eskalerar. Låt det goda och omtänksamma eskalera och inte det onda och svåra.

Kapitel 49

Återhämtning, men nu gäller inga energidrycker, inga pulver som ska blandas. Det gäller det mänskliga blodet och all vätska, alla sinnen och allt annat vi har i vår kropp och ibland kan det kännas som man blir riktigt omskakad. Lite omskakad är kanske bra då och då så man inte somnar eller låter det bli slentrian på något sätt. Jag gillar i och för sig att ha koll på läget. Allt för stora adrenalinkickar undanber jag mig också. Det går jag inte igång på. Jag vill ha lugn och ro. Jag har haft för mycket turbo mitt liv så lugna gatan passar mig bra. Att vara i stunden, känslan att varje andetag är närvarande av liv, varje hjärtslag är kraftfullt och att livet är här och nu, där vill jag vara. Jag har isolerat mig själv genom att inte känna. Inte vågat lita på mig själv i omdömet av andra. Nu kan någon vara ok, men för hur länge. Att inte låta någon känna mig har skyddat mig. Släpper jag inte in någon kan ingen komma åt mig. Då jag brutits ner och oundvikligt blivit sedd i min litenhet och sedan trampad på då jag legat som en blöt fläck på golvet har nog varit det värsta. Den psykiska nedbrytningen har tagit väldigt hårt på ett sätt som är väldigt svårt att återspegla då det har tagit många år att vakna. Jag behövde konstigt nog träffa denna man som bröt ner mig fullständigt psykiskt för att jag skulle komma ut som jag är i dag. Och jag är nöjd, jävligt nöjd. Men jag kommer inte tacka honom. Processen som kommer kvarstå livet ut med upp-och nedgångar, för jag tror det är ett evigt processande. Jag kan lära mig att lita på mig själv först och främst. Det har jag inte alltid gjort, jag har inte ens varit vän med mig själv. Hatet till mig själv, ilskan att jag inte skött mitt liv bättre, visat mig själv mer respekt. Allt berodde på mig, och som jag sagt förut så är du huvudaktör i ditt egna liv. Men när vi är förminskade oavsett ålder eller vilket sinne du befinner dig i kan vi inte styra livet själv hela tiden. Ilskan mot mig själv har varit där också. Varför sprang jag inte snabbare, varför gömde jag mig inte bättre, varför skrek och slogs jag inte, varför sa jag inte stopp, varför gick jag inte tidigare, varför gjorde jag inget. Jo jag gjorde det jag kunde göra då, jag kände inget därinne. Även nu i vuxen ålder, gjorde jag som då. Jag gömde mig, skrek, jag fortsatte att vara så pass död att jag struntade i att känna att jag levde och hade ett värde. Jag lät mig behandlas illa för jag visste inte bättre. Hur kunde jag säga att jag var värd att respekteras då jag inte visste att jag var det. Jag visste inte att jag hade ett värde. Jag tjatar om att så klart jag visste men att verkligen förstå att jag var värd annan behandling än det jag fick, det gick inte in. Det är den känslan som jag får arbeta med hela tiden, den processen är ett livsjobb.

Liten och stark

Stor och dum

Låt dig inte välja

Tänk, tänk, tänk

känn smart

inte bara här och nu

Lev, men lev väl

Jag drar kort ibland, de kallas spåkort, affirmationskort, vägledande, hokus pokus eller bara ett kort om dagen. En dag drog jag detta kort:

Nej, du bär på dina sår. På grund av ditt ego är hela din varelse ett stort sår som du bär på. Ingen har ett intresse att såra dig, ingen vill göra dig illa, alla är upptagna av att vakta sina egna sår. Vem skulle ens ha orken? Och ändå sker det, därför du är beredd på att bli sårad, så beredd, du bara väntar på det minsta lilla. Man kan inte såra en man av Tao. Varför? Därför att det inte finns någon där att såra. Det finns inga sår. Han är frisk, helad, hel. Ordet hel är vackert. Ordet att hela kommer från det hela och ordet helig kommer också från det hela. Han är hel, helad, helig. Var medveten om dina sår. Gör de inte större, låt det helas om du går till dess rötter. Ju mindre du är i ditt huvud, desto mer kommer såret läkas, utan huvud finns inget sår. Lev livet utan huvud. Lev som en total varelse och acceptera det som är. Pröva att under tjugofyra timmar acceptera allt som sker, pröva. Något sårar dig, acceptera det, reagera inte på det, och se vad som händer. Plötsligt kommer du känna flödet av en energi som du tidigare inte upplevt.

Det är en tid då det förflutnas djupt begravda sår kommer upp till ytan, redo och mottagliga för att helas. När vi står under läkande påverkan, gömmer vi oss inte längre för oss själva eller andra. Med denna öppna och accepterande attityd kan vi läkas och också hjälpa andra att bli friska och hela.

Jag hade en tavla en gång där det stod LIVE THIS LIFE, vilket jag tycker är kloka ord. Jag försöker påminna mig att även om saker varit som de varit så ska jag göra det, leva varje dag. För vems liv ska jag annars leva?

1903 gav Henry James följande råd i filmen Ambassadörerna,

"Lev för allt du är värd, det är misstag att inte göra det. Det spelar inte så stor roll vad du egentligen gör, bara du har ditt eget liv. Om du inte har det, vad har du då haft? Det man förlorar, det förlorar man, tro inget annat… varje tillfälle är möjlighet till förändring, lev. "

När du ser tillbaka på ditt liv på ungefär samma sätt som Tolstojs Ivan Iljitj gjorde, då ska du upptäcka att du sällan ångrat något du gjort. Det är vad du inte gjort som du ska ångra.

Här får ni läsa inlägg av de som inspirerat mig att göra denna bok. De har varit med mig på en resa som vi gjort tillsammans. De har läst och kommenterat och gett sina egna tankar och funderingar. Det kräver ett jättestort mod och engagemang att se det från en annan sida, att läsa om sig själv och få ett perspektiv och att lära sig på ett sätt som kan vara svårt att förstå. Att läsa en sådan här bok kan och har hjälpt oss att se det från en annan synvinkel att psykisk misshandel är misshandel och inget annat. Det har tärt och ärrat oss in i själen men utan varandra och ATV hade vi med största sannolikhet inte varit så hela som vi är idag.

Oavsett misshandel påverkas vi fortfarande av det som var vår vardag än i dag men att vi är nu är de som har kontrollen av vårt fortsatta liv, inte någon annan. Vi var ensamma och hade ett sinne av förvriden falskhet av oss själva och en negativ syn på människor i vår omgivning och då framför allt de som skulle stå oss närmast. De påverkade oss i hela vårt liv då och nu, men nu bestämmer vi på vilket sätt. Vi har nu modet och styrkan att förstå att vi bestämmer över våra egna liv. Vi har rätten att bli behandlade med respekt bara för att vi är vi.

Tack för din bok, för att du delar med dig av dig själv, för kloka tankar om det som är svårt och för att du "satt "vår lilla fina grupp "på pränt"- och för att du är så rättfram och rolig. Tack alla ni fina gruppkompisar som jag varje vecka såg fram emot att få träffa. Ni har betytt mycket. Tack ATV för er verksamhet. Tack till dig som jag fick samtala med inledningsvis. Då började resan som gjorde skillnad. Tack ni som ledde vår grupp, ni två kloka och sympatiska människor. Ni ledde oss varligt och lärde oss mycket. Jag fick den bekräftelse jag så väl behövde. Jag hade blivit misshandlad. Psykisk misshandel är just misshandel och ingenting annat. Så kan jag då tillslut använda det ordet för det jag har varit utsatt för. Och också ett tack till de kloka kommuner, däribland min som tillsammans möjliggjort att ATV finns. Må fler kommuner komma till insikt så verksamheten och kunskapen kan spridas.

/ Hon med motorsågen

Nu har jag läst hela boken- så bra skrivet!! Sammanhang, innehåll. Det är bra att du skriver så tydligt hur du upplevt och känt hela tiden, hur du förändrade ditt sätt att tänka genom gruppterapi. Nära och öppet utan försköningar och ursäkter. Din sårbarhet då du visar upp dina upplevelser som man annars döljer. Jag tror alla som varit i någon form av misshandel kommer känna igen sig. Du fyller i tomrum i genren reality-böcker om misshandel, den psykiska. Den pratas det aldrig om. Det är bara de med brutna kroppar som syns i media, böcker och film. Du godkänner och sätter ord på en typ av misshandel som sätter djupa spår och du visar hur lätt det är att hamna där. De männen är skickliga på att hitta sitt offer och styra dem. Personer som kommer i kontakt med människor; psykologer, sjukvård, polis, skolpersonal, socialpersonal, försäkringskassan mm skulle ha nytta av att läsa boken. För att försöka förstå och känna igen tecknen. Alltså även anhöriga till personer som utsätts/utsatts.

/Din syster SIS

Jag tänker att det är så lätt att tro människor om gott, att de vill väl och att de menar det de säger. Jag tror det är vår, vi människors obändiga vilja att se det goda och kanske det är tur att det är så. Världen vore en mörk plats om vi trodde alla om ont. Tyvärr så finns det människor som utnyttjar denna vilja till det goda och rätta, människor vars drivkraft verkar vara att endast tillfredsställa sina egna begär och få utöva sin makt över andra. Jag skulle önska att jag haft ett bättre skydd eller kanske fått hjälp från barnsben att förstå att alla/allt inte är så bra för mig, lära mig att ingen har rätt att kränka mig eller köra över mig. Men jag tror att nästan alla kan bli ett offer för en psykopat, för det finns liksom inget försvar om man väl kommit in i deras tillvaro. Jag är så oerhört tacksam för att jag fick gå på ATV. Det har varit en stor trygghet och hjälp att få möta er andra som också varit i andra människors våld, att få ta del av era berättelser och våndor som liknar mina egna och som jag känner igen så mycket av. Och jag är väldigt glad att få ha er kvar.

/Den ledsna

Hej, Jag har nu läst din fina, fina bok. Tack! Det är en mycket fin skildring och ett värdefullt dokument som jag tror kan vara till glädje för många kvinnor och många kan känna igen sig. Det är generöst av dig att dela med dig av dina erfarenheter.

/Fru ATV

Hej

Det jag tycker som var bra att läsa är att det på ett tydligt sätt framgår hur viktigt du tyckte att detta med samtalsgrupp var.

Det vi trodde skulle bli en styrka att samtala i grupp, blev det också. Att känna igen sig i andra, att se så tydligt att man inte är ensam om att ha varit våldsutsatt och att det i sig kan innebära att skulden blir mindre. Den skuld som våldsutsatta ofta bär på.

– Att det var nog mitt fel att det blev som det blev

– Hade jag bara gjort annorlunda hade han inte...osv

Hoppas du och de andra i gruppen förstår det. DET VAR INTE ERT FEL

Åter tack för att vi fick förmånen att ha dig och de andra i gruppen.

Lycka till med livet/ Herr ATV

Här kommer några av våra mail/sms som vi har haft som stöd till varandra efter vi avslutade våra torsdagsterapier. Vi använder oss fortfarande ibland av ord eller en siffra om hur vi mår för stunden. Jag skriver inte vem som skrivit vad, meningen är att ni ska förstå hur våra känslor i vardagen kan se ut.

Hej kära vänner, tung dag i dag som vänt lite framåt eftermiddagen. Kommer inte ihåg alla ord men kanske får säga ett eget; rotlös ensamhet.

Siffra: totalt sifferlös. Ska man verkligen behöva tänka/känna om sig själv också. Har verkligen inte haft någon minut för det. Kör på orden istället....”ensamt”(att dra hela lasset själv) Kram på er.

Fina ni, jag vill inte ni ska behöva känna er ensamma och rotlösa. Vi är med varandra om inte fysiskt så i tanken och jag vattnar er med positiv energi så ert rotsystem växer och blir starkt. Ska meditera för er. KRAM

....

Lite märkligt ändå- tänkte just igår på att jag snarare behövde ett ord än en siffra och tänkte just "ensam", jag också. Jag funderade på ditt "rotlös" och insåg att jag kände igen mig i det. Var väl ingen vidare dag igår men nu när jag läste att du vattnar blev jag glad- och full i skratt. Såg oss framför mig i varsin kruka, lite prästkragelika, lutandes hit och dit, lite slokande- men så kom du och vattnar och närings berikar. Mycket bra för rötterna. Känner du dig lite vissen så får vi se till att vattna dig. Känns fint att tas med i någons meditation också. Kram till er alla.

....

Längtar efter att träffa er, måste få till det snart.

Ja, snart Kram

....

Hej. Det är kallt men det är varmt denna måndag ändå, då jag tänker på oss. Vad bra att vi funnit stöd i varandra. Trevligt att kunna sända ut lite tankar till er som förstår. Jag uppskattar oss och jag hoppas ni får en bra vecka. Vi måste ta hand om oss själva och varandra. Kram denna vanliga måndag.

....

Ja det där med att bli förstådd/trodd på/inte ifrågasatt är guld- och inte behöva känna sig så duktig. Är mitt i julstress- kanske mest beroende på att jul och förberedelser triggar igång hjärnan av tokstress från förr. Mår inte särskilt bra av det. En måndags kram från mig till er också.

....

Hej, att veta vem man är i alla tillfällen, känna att man har en grund att stå på. Att känna sig trygg i sig själv och tro på att man duger och är bra som man är. Det är en kamp, jag önskar att jag kunde acceptera mig som jag är, utan att leva upp till något som jag inte kan. Jag vill tycka om mig själv med alla mina fel och brister, med eller utan kaffe. Min energi är så låg, nästan nere på noll och jag orkar nästan ingenting. Tack för att ni finns och att jag får skriva till er. Kram

....

Jag blir så ledsen att du mår så dåligt. Du ska veta att jag varenda gång vi har träffats har tänkt att du är så: skärpt, klok och välformulerad, rolig och charmig, sympatisk, varm och vänlig och dessutom snygg. Det du! svårslaget!

Jag menar detta uppriktigt. Har ju varit med ett tag och har att jämföra med. Vet ju hur svårt det är att tro på sig själv men kanske kan du försöka ta till dig lite grann – se att det faktiskt är som jag säger...

Skulle du kunna tänka dig att måla något trots allt. För vår skull kanske och visa oss? Vore så roligt. Då har vi ju en författare, akrobat och en konstnär. (vete 17 vad jag ska hitta på i det sällskapet)

Tänker mycket och med värme på er. Kram

....

Så härligt att läsa era meddelanden både positiva och negativ, Själv har jag nog lite mailfobi just nu. Varför inte...telefon, sms och mail samma skräp. Så min mailkorg är full med skräp just nu. Bottnar nog i att det dåliga samvetet och verkligheten gör sig påmind när jag tittar i dessa och sådant jag försöker skjuta på framtiden.

Sen gick det någon dag utan att jag hann skriva klart detta mail.

Siffran blir en 2-a

Så less på detta. Kram till er.

....

Stor kram till er, vill inte säga någon siffra, orkar inte tänka på hur jag mår.

Det är svårt ibland att veta vem man är, att hitta styrkan att tro på sig själv är svårt. Jag letade under många år till insikten kom att jag är fan bra som jag är, oavsett vad. Vi duger perfekt att vara vi. Vi duger bara för att vi lever och att vi en gång föddes. Vi har ett värde och ett syfte. Vi gör så mycket gott. Vi är där för våra barn men vi måste och jag skriver, måste för det är av stor vikt att vi tycker om oss själva så vi kan gå rakryggade inför livet, oss själva och då visar vi också våra barn hur vi vill vara som föredömen för våra barn. Vi kan visa dem att vi i allt kan vara starka och svaga samtidigt och att vi har en tro på oss själva och livet och genom det så har vi tagit ansvar att förändra vårt liv till det bättre. Vi har separerat/skilt oss från de som inte var bra för oss. Vi har av olika anledningar hamnat på ATV där vi faktiskt har gjort ett hästjobb tillsammans. Vi är bra och vi har tagit tag i oss tillsammans i vår lilla grupp och jag tror vi möttes av många anledningar och en stor del är att vi ska kunna stötta varandra bland annat på detta sätt och att träffas då vi har tid. Det är bara att ringa så kommer vi till varandra, lite te eller prat, gråt, ilska, använda oss, vi är en vän. Jag tror vi alla skulle stå upp för varandra i vårt fortsatta liv oavsett dygnets timmar. Tveka aldrig att ringa. Livets bergodalbana är ibland nere och ibland är vi uppe. Det är en jobbig fas att vara där nere men tro på att det vänder, för det gör det. Det som varit har varit och kommer aldrig igen. Vi har förändrats mycket och vi är starka. Puss LOVE you ALL

....

Har Lucia dagen varit OK? Här är det en 6..kanske

Och så här fortsätter vi lite då och då när tankarna kommer till oss. Tankar vi delar kan skänka oss styrka för dagen. Det gör så mycket att ge och få ta emot. Det är gratis, glöm inte det alla ni där ute. Ge av er själva, men glöm inte dig själv.

Så här en lång tid efteråt har jag lärt mig att hantera mitt hat, jag har lärt mig hur jag ska göra, då känslor av allt som varit, sköljer över mig. Min exman och jag har en fungerande relation med det dagliga trixet med vår dotter. Han är en kärleksfull och närvarande pappa och då kan jag inte önska mig mer. Jag har lärt mig hur jag ska göra för att inte bränna tankar då jag inget kan göra idag åt det som varit. Jag får lägga det bakom mig och blicka framåt. Jag väljer aktivt att tänka på annat då de hårda känslorna kommer. Jag bryter tankar så att tanke-bollen inte blir som ett helt snö skred.

Bemästra dina tankar du också och med det ta kontroll över dina känslor, det har inte varit lätt men jag fixade det, och jag lovar att du kan också.

Stor kram till er som läst och om ni har tankar, funderingar eller kanske någon fråga, tveka inte☺

millan_limett@hotmail.se

Vi möttes och möter varandra. Vi möter oss själva varje

dag.

Vi träffas och vi hörs, vi har varandra, vi har oss själva

Livet är en bargodalbana så ska det vara

vi lär och vi förändrar

Vi behåller och slänger

Vi förkastar och vi tror,

Vi står stilla, vi utvecklas

Men tiden står inte stilla

Vi föds, vi lever och vi dör

Så är det

JAG
Millan Limett

JAG handlar om en helt vanlig kvinna som under flera avgörande omständigheter upptäcker sidor hos sig själv och delar av sitt liv som hon inte haft i sitt medvetande men det har speglat hennes handlingar under livet på ett sätt som styrt hennes sätt att leva.

Boken "JAG" som du nu håller i din hand handlar om mig. Mig som person här och nu men även som då det var förr. De liv vi lever kan få oss att blomstra men även sjunka väldigt djupt. Oavsett om vi vill eller inte. Det sker av omständigheter vi kanske inte för stunden kan råda över. Du som läser den här boken kommer flera gånger att känna igen dig för jag är inte konstig eller galen på något sätt, jag kanske är precis som du.

Vulkan